非上場株式の評価に係る
税務上の時価と
Ｍ＆Ａの時価の基礎

みよしコンサルティング
税理士　野口健一 著

VALUATION◀
of
unlisted stocks
for professional.

税務経理協会

はじめに

　平成25年度税制改正による相続税の基礎控除額の引下げ以降、相続税・贈与税を取り巻く環境が大きく変わってきているように感じられます。世間においても相続税対策の必要性については大きな関心事項となっており、特に、非上場株式の評価については換金性が乏しいにもかかわらず高い評価になることから事業承継の問題にもつながっています。国としても、日本経済の屋台骨である非上場会社の事業承継を推し進めるために新事業承継税制（100％納税猶予制度）を創設することによって、税負担を軽減させる措置を図っています。

　新事業承継税制の適用実績は、中小企業庁の統計をみると、申請件数について新事業承継税制改正前は年間400件程度であったのに対し、改正後は年間6,000件程度に爆発的に増えているとされていますが、恐らくこの統計には確認申請及び認定申請が含まれているものと考えられます。特に前者の確認申請については、後継者を後で変更することが可能で、認定支援機関などが事業承継業務のきっかけとして提出しているものが多いものと想定できます。実際に適用を受けるためには認定申請が必要ですが、その件数が最も多いであろう東京都の令和元年度の認定件数が、218件であったことからも、全国規模に引き直したとしても実際に適用している人はさほど多くないものと推察されます。

　新事業承継税制が改正された後も従前同様に株価対策を行う必要があり、株式評価額の算定方法について、形式的には税法に沿って行われたとしても、租税回避行為と認定される事例も増えてきていますので、株価対策については正しい解答を導くことは簡単なものではなくなりつつあるように感じられます。さらに、近年では非上場会社の後継者不在の割合も増えてきており、MBOやM&Aによって事業を承継するケースも増えてきています。そのような場合においては、税法に定められている評価方法のみならず、DCF法などの第三者間取引独自の評価方法の理解も必要となってきます。

また、非上場株式の時価評価について、相続、贈与など親族間における承継時に算定する「税務上の時価」と、M&AやMBOなど第三者間における売買時に算定する「時価＝市場価格」は本質的に全く別物であるにも関わらず混同しているケースが見受けられます。そのようなケースにおいては、以下のようにクライアントに対して誤った情報を与え、非上場株式に係る取引が滞ってしまい、最悪の場合には顧問契約解除などにもつながりかねない状況にもなり得ます。

　例えば、非上場株式の売却を希望するオーナーから株価算定を依頼された税理士が、財産評価基本通達に基づく「税務上の時価」を算定し、その価格がオーナーの頭にアンカリングされてしまったことにより、買収先が提示した価格と大きく乖離し交渉が難航してしまう可能性もあり得るかと思います。

　非上場株式の評価と一言で言っても、その範囲は広く目的や状況に応じて算定方法が異なります。そこで本書では、その取引が親族間で行われるのか純然たる第三者間で行われるのかの判定における考え方、そして、実務的な親族間・純然たる第三者間取引における非上場株式の評価方法についての基本と留意すべき点をまとめました。非上場株式の取引実務を行う上で、少しでも皆様の参考になれば幸甚です。

令和3年4月

野口　健一

CONTENTS

第 3 章　対象会社が種類株式を発行していた場合の時価の考え方

第 4 章　第三者間取引における時価の評価方法

【凡　例】

本文中で使用している主な法令等の略語は、次のとおりです。

略語表記	法令及び通達等
所法	所得税法
法法	法人税法
法令	法人税法施行令
相法	相続税法
相基通	相続税法基本通達
財基通	財産評価基本通達

序章

本書の意義と
構成

非上場株式の評価については、①親族間における取引（贈与、相続、譲渡）か、②M&Aなどの親族外の第三者間取引かに応じて大きく評価方法が異なることとなります。①に係る取引については、親族間の財産の移転を前提としているため、基本的には税務上の基準によることになります。税務上の基準としては、相続税法22条において評価の原則が規定されています。

【相続税法22条】
この章で特別の定めのあるものを除くほか、相続、遺贈又は贈与により取得した財産の価額は、当該財産の取得の時における時価により、当該財産の価額から控除すべき債務の金額は、その時の現況による。

　上記の条文におけるこの章とは、「第3章 財産の評価」が定められている章を指しており、当該第3章において、特別に定めている地上権及び永小作権（相法23）、配偶者居住権（相法23の2）、定期金に関する権利（相法24）、定期金給付契約に関する権利（相法25）、立木（相法26）以外は、取得時における「時価」とされています。

　また、契約自由の原則（民法521、522）により、契約内容・方式・相手方を自由に決めて契約することが認められています。明文化されたのは平成29年度の民法改正後ですが、契約自由の原則は従前から認められていた法理となります。この原則によれば、双方で取り交わした取引内容を国は干渉しないということになりますが、この原則は、純然たる第三者間取引であれば売り手及び買い手において高く売りたい心理と安く買いたい心理のプロセスが働いた結果、経済合理性がある取引であることを前提としています。契約自由の原則の例外として、租税公平主義の見地から、租税負担を回避する取引を認めていないこととなっています。

　親族間においては、第三者間取引に比べて経済合理性が乏しく、租税回避目

的が優先されやすいため、課税実務上一定の基準を設けています。そのための
メルクマールとして財産評価基本通達があり、一般的な取引はこの通達に基づ
いて行うこととされています。当該通達上において非上場株式の「時価」につ
いては、その取得者（もしくは譲渡者）の株主としての立場によって、価値が
異なることとなっており、それが「支配権」を目的とするものなのか、「配当権」
を目的とするものなのかに応じて評価方法が定められています。

　一方で、②に係る取引については、上述したように租税回避目的で行われる
のではなく、経済合理性がある取引であることが多いことから、契約自由の原
則に基づき、合意形成された価額が非上場株式の「時価」となります。この場
合の合意形成された価額とは、通常は合理的な算定根拠があって初めて合意す
るものとなります。その算定方法は税務上の算定方法とは異なるアプローチを
とることとなります。

　これらの時価とは何ぞやということが本書における最大のテーマとなりま
す。

　さて、本書における「第1章『親族間』・『第三者間』の判定」では、税務基
準の時価の考え方と税務基準によらない時価の考え方の区分や、税務基準の時
価の概念上の「親族間」と「第三者間」の判定方法を解説します。また、近年
行われた判例を基に以下の論点を解説しています。

（1）所得税基本通達59-6の改正について
　譲渡所得の課税趣旨に基づいて判決が行われた結果、争点の原因でもあった
当該通達上での財産評価基本通達への読替規定が明確化されましたので、改正
の経緯と内容を解説します。

（2）財産評価基本通達（総則）6項の適用について
　財産評価基本通達に基づいて評価していたとしても、著しく不適当であると

認められる「特別な事情」がある場合には、通達の定めによらず評価されることとされています。課税実務上、納税者間の公平性の観点から通達が定められていますが、画一的にこの通達により評価することで逆に不公平になることもあり得ることから、このような通達が定められています。この「特別な事情」に該当するかどうかの1つの指標として、一連の取引に経済合理性が具備されているかどうかが判断基準となりますので、その経済合理性の判断について解説します。

(3) 同族株主の判定について
　財産評価基本通達上、同族株主の判定に応じて評価額の高い原則的評価なのか、評価額の低い特例的評価なのかが変わることになります。評価基準日直前において株主構成を変えることにより特例的評価として評価している場合や、同族株主以外の株主が形式的に保有しているだけの場合などの事実認定で同族株主の判定を行うことについて解説します。

　次に、「第2章 親族間取引における時価の評価方法」では、税務基準の時価の基礎的な考え方と評価方法を、ケース毎のマトリックスを用いて説明します。また、株式が複数の株主に分散してしまっている場合における後継者による株式の買い集め、いわゆるMBO（マネージメントバイアウト）スキームについても解説しています。そのほか金庫株、DES（デットエクイティスワップ）を行う際の時価についても解説することとしました。

　さらに、「第3章 対象会社が種類株式を発行していた場合の時価の考え方」では、近年活用が増えてきている種類株式の内容や時価の考え方について解説します。種類株式については、税務上の取扱いよりも、まず法務の取扱いを優先して設定されているケースが多いように感じます。例えば、創業者に対して普通株式の10倍の議決権を付与するような種類株式を設定した場合の税務上の取扱いは明確化されていません。税務上の時価の考え方について、国税庁が示している文書回答事例を基に、基本的な考え方について解説するとともに、回答事例では3類型のみしか言及されていませんので、3類型以外の種類株式

が設定された場合についても、事例を交えて考察します。

　最後に、「第4章 第三者間取引における時価の評価方法」では、M&Aなど、純然たる第三者間取引における主に以下の時価の算定方法について、例示を交えながら具体的に解説します。

（1）時価純資産価額（コスト・アプローチ）
　対象会社の貸借対照表を基に算定しますので、客観性の観点から最も優れている手法です。

（2）比準方式（マーケット・アプローチ）
　対象会社と類似する業種の上場会社の指標を基に算定しますので、類似業種の株価としては合理性がある手法です。

（3）収益還元方式（インカム・アプローチ）
　対象会社の利益やキャッシュフローに着目して算定しますので、株価に対象会社の稼ぐ力を反映させる上では優れている手法です。

第 **1** 章

「親族間」・
「第三者間」の判定

1 | 判定を行う目的・趣旨

（1）非上場株式の時価

　非上場株式の時価については、上場株式とは異なり市場がないため、価額がいくらになるのかというのは長く議論されている論点です。

　相続税法22条において、相続または贈与により取得した財産の価額は、同法3章で特別の定めのあるものを除き、当該財産を取得した時における「時価」により評価するものと規定されています。相続税法3章に定められている評価は、23条から26条の2まであbut、非上場株式の時価については定められていませんので、相続税法22条に規定されている時価により評価することになります。

　ここで規定されている「時価」とは、当該財産の客観的交換価値として認められる価額を指しますが、非上場株式の客観的交換価値については取得する当事者に応じて価値が異なるものであり、一義的に明確に確定されるものではないと考えられています。

　そこで、相続または贈与における課税実務上は、財産評価基本通達に基づき評価することとされています。この趣旨としては、客観的交換価値を算出するため様々な評価方法により異なる評価額が生じることを避け、課税庁側の課税事務を迅速に行うことと、予め定められた画一的な評価方法による方が納税者側にとっても便宜的であり、納税者間においても不公平を生じさせず、課税庁側及び納税者側双方の見地から合理性があるということです。また、非上場株

式を譲渡する際の時価についても、所得税法または法人税法上、財産評価基本通達を読替規定で準用していますので、原則として財産評価基本通達に準じて評価した価額が採用されることが一般的であると思います。

ただし、財産評価基本通達に基づく画一的な評価方法により評価することによって、かえって課税負担の不公平等が著しく生じる場合など「特別な事情」がある場合には、他の合理的な方法により評価することも許容されるものとされています。

これは財産評価基本通達6項において、当該通達の定めによって評価することが著しく不適当であると認められる財産の価額は、国税庁長官の指示を受けて評価すると定められていることからも明らかになっています。国税庁長官の指示を受けて評価すると定められていますが、実務的には国税庁長官の指示の有無は要件とされておらず、例えば、土地の評価においても「特別な事情」があるため路線価による評価ではなく、不動産鑑定士が評価した価額の方が「特別な事情」を反映しており合理的であると判断されれば税務上も許容される場合があります。

したがって、非上場株式の評価をする際には、財産評価基本通達に定められている評価方法のみならず、その株式を取得する者と当該会社との関連性、他の株主との関連性、「時価」の算定に当たって影響を及ぼすであろう全ての事情を考慮しつつ、「時価」を算定する必要があります。そのためには、まず株式を取得する者がどのような属性であるかを判定することが、非上場株式の時価を算定する上で非常に重要な要素となります。

（2）税務上の区分と税務上以外の区分

非上場株式の時価を算定するに当たって、まずはその取引を税務上の区分と税務上以外の区分に大きく分ける必要があります。それは、取引の当事者が親

族やその親族の同族関係者に該当するのか、それとも純然たる第三者に該当するのかということです。

　前者の取引であれば、「時価」は税務上の時価の考え方、すなわち基本的には財産評価基本通達の定めに従った評価を参考とし、後者の取引であれば、「時価」は税務上の時価によらない考え方、すなわち当時者間で合意形成された価額を参考とし取引すべきであると考えられます。

　ただし、純然たる第三者間取引と認識していた場合であっても、合意形成された価額が、客観的交換価値としての合理的な指標がなければ、国税当局に税法に準じた価額に覆される可能性もあるため留意が必要です。第4章で詳細は後述しますが、通常、M＆Aにおいても様々な指標により売買価額を算定しますので、合理的な根拠資料がない場合には、純然たる第三者間取引ではないものと判断され、税務上の時価の考え方に至ることにもなり得るでしょう。

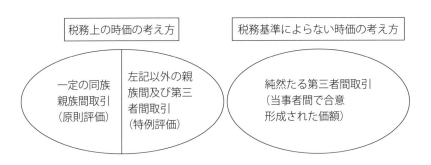

2 税務上の「親族間」と税務上の「第三者間」とは

（1）支配株主（マジョリティ）と少数株主（マイノリティ）

　税務上の時価の中では、株式の贈与者または被相続人、受贈者または相続人、他の株主との関係性を基準に、「親族間」と「第三者間」、いわゆる同族株主と同族株主以外の株主に区分しなければなりません。

　財産評価基本通達においては、贈与または相続の場合において取得した者がどの区分になるかによって取得した株式の時価の評価方法が決まります。取得した株主が同族株主に区分されると、その会社の株主のマジョリティとして重要な発言権を得ることになるため、株式の価値としては高くなる原則評価となります。他方、取得した株主が同族株主以外の株主に区分されると、マイノリティになりますので発言権は乏しく、配当金を受領することが株式保有の主たる目的となるため、株式の価値としては発言権が乏しい分同族株主よりも低くなり、特例評価にすべきということが、財産評価基本通達上の非上場株式の評価における趣旨となります。

　また、取得者が同族株主か同族株主以外かどうかの判定の前段として、対象会社を、同族株主がいる会社と同族株主がいない会社に区分します。対象会社がどの区分に属するかによって、最終的に原則評価なのか特例評価なのか判定方法が異なることとなりますので、非上場株式の時価算定上、まず大きくその2つに区分することが非常に重要となります。

（2）同族株主のいる会社の判定

　「開業前または休業中」または「清算中」の特定会社を除いて、非上場株式の評価を行うに当たっては、対象会社を同族株主がいる会社か同族株主がいない会社に区分して評価をします。財産評価基本通達188（同族株主以外の株主等が取得した株式）を図式化すると下図のような区分となります。

【株主の区分判定表】

会社区分	株式取得者の区分				評価方式
同族株主のいる会社	同族株主グループ	取得後の議決権割合が5%以上の取得者			原則的評価方法
		取得後の議決権割合が5%未満の取得者	中心的な同族株主がいる場合		
			中心的な同族株主がいる場合	中心的な同族株主	
				役員	
				その他	特例的評価方法
	同族株主グループ以外の株主				
同族株主のいない会社	取得後の議決権割合の合計が15%以上の株主グループに属する株主	取得後の議決権割合が5%以上の取得者			原則的評価方法
		取得後の議決権割合が5%未満の取得者	中心的な株主がいない場合		
			中心的な株主がいる場合	役員	
				その他	特例的評価方法
	取得後の議決権割合の合計が15%未満の株主グループに属する株主				

　同族株主グループとは株主の1人及びその同族関係者の有する議決権の合計数が最も多いグループの有する議決権の合計数が、その対象会社の議決権総数の50％超である対象会社については、当該50％超の当該株主及びその同族関係者をいいます。つまり、50％超の同族株主グループが存在する場合には、他に30％以上の株主グループが存在したとしても当該株主グループは同族株主に該当しないということになります。

同族株主以外の株主等が取得した株式

　178《取引相場のない株式の評価上の区分》の「同族株主以外の株主等が取得した株式」は、次のいずれかに該当する株式をいい、その株式の価額は、次項の定めによる。

（1）同族株主のいる会社の株式のうち、同族株主以外の株主の取得した株式

　この場合における「同族株主」とは、課税時期における評価会社の株主のうち、株主の1人及びその同族関係者（法人税法施行令第4条《同族関係者の範囲》に規定する特殊の関係のある個人又は法人をいう。以下同じ。）の有する議決権の合計数がその会社の議決権総数の30％以上（その評価会社の株主のうち、株主の1人及びその同族関係者の有する議決権の合計数が最も多いグループの有する議決権の合計数が、その会社の議決権総数の50％超である会社にあっては、50％超）である場合におけるその株主及びその同族関係者をいう。

（2）中心的な同族株主のいる会社の株主のうち、中心的な同族株主以外の同族株主で、その者の株式取得後の議決権の数がその会社の議決権総数の5％未満であるもの（課税時期において評価会社の役員（社長、理事長並びに法人税法施行令第71条第1項第1号、第2号及び第4号に掲げる者をいう。以下この項において同じ。）である者及び課税時期の翌日から法定申告期限までの間に役員となる者を除く。）の取得した株式

　この場合における「中心的な同族株主」とは、課税時期において同族株主の1人並びにその株主の配偶者、直系血族、兄弟姉妹及び1親等の姻族（これらの者の同族関係者である会社のうち、これらの者が有する議決権の合計数がその会社の議決権総数の25％以上である会社を含む。）の有する議決権の合計数がその会社の議決権総数の25％以上である場合におけるその株主をいう。

（3）同族株主のいない会社の株主のうち、課税時期において株主の1人及びその同族関係者の有する議決権の合計数が、その会社の議決権総数の15％未満である場合におけるその株主の取得した株式

（4）中心的な株主がおり、かつ、同族株主のいない会社の株主のうち、課税時期において株主の1人及びその同族関係者の有する議決権の合計数がその会社の議決権総数の15％以上である場合におけるその株主で、その者の株式取得後の議決権の数がその会社の議決権総数の5％未満であるもの（（2）の役員で

ある者及び役員となる者を除く。）の取得した株式
この場合における「中心的な株主」とは、課税時期において株主の1人及びその同族関係者の有する議決権の合計数がその会社の議決権総数の15％以上である株主グループのうち、いずれかのグループに単独でその会社の議決権総数の10％以上の議決権を有している株主がいる場合におけるその株主をいう。

【中心的な同族株主の範囲（網掛け部分）】

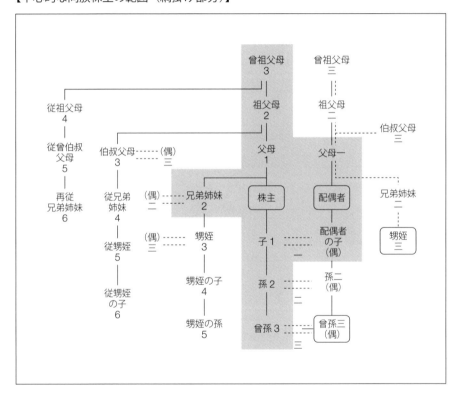

「同族株主のいる会社の判定」と「同族会社の判定」については、言い回しが似ていますので慣れないと判定が複雑ですが、対象会社が同族会社であっても同族株主のいない会社に該当することもあります。同族会社とは次のいずれ

かに該当した場合をいいます。

【同族会社の判定】（法法２十、法令４⑤）

①	対象会社の株主等の３人以下（同族関係者を含む）が有する株式の数（又は出資金額）が対象会社の発行済株式（又は出資金額）の総数（自己株式又は自己の出資を除く）のうち占める割合が50％超の場合
②	対象会社の株主等の３人以下（特殊関係者を含む）が有する議決権が対象会社の総議決権数のうち占める割合が50％超の場合
③	対象会社（合名会社、合資会社又は合同会社）の業務執行社員の３人以下の数が業務執行社員総数のうち占める割合が50％超の場合（業務執行社員総数６人未満は同族会社となる）

　同族関係者とは、株主等の親族（配偶者、６親等以内の血族及び３親等以内の親族）、事実上婚姻関係にある者、株主等の使用人、生計一親族及びその他株主等から受ける金銭その他の資産によって生計を維持しているもの、または株主等の１人及びその者の同族関係者である個人が有する他の会社の株式の総数または出資の金額の合計額が、その会社の発行済株式等の50％超に相当する会社等をいいます。

　同族会社の判定では、上記のように株式数、議決権数、社員数（合名会社、合資会社または合同会社の場合）のいずれかが判定基準であるため射程が広いのに対して、同族株主のいる会社の判定では議決権のみが判定基準であることに留意が必要です。

　非上場株式の時価を算定する上で重要な、同族株主のいる会社の判定にあたっての留意点について、次の 事例① に基づいて説明します。

【事例】 同族株主の判定

　甲氏からの依頼により相続税申告を請け負った際に財産の中に非上場会社のA社株式が含まれていた。資本関係図は図表1の通りで、A社株式を評価するにあたって、同族株主の判定を行ったところ、図表2のようになった。

【図表1：A社の株主構成】

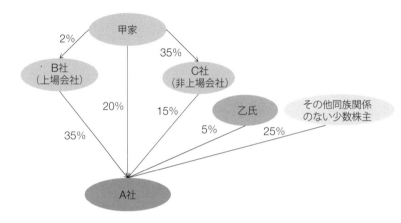

【図表2：A社の同族株主判定】

同族株主順位	株数（議決権割合）	同族株主の判定
①B社（上場会社）	350,000株 (35.0%)	30%以上であるため、同族株主
②甲家（下記図参照）	200,000株 (20.0%)	**30%未満であるため、同族株主以外の株主**
③C社（非上場会社）	150,000株 (15.0%)	30%未満であるため、同族株主以外の株主[※1]
④乙氏（第三者）	50,000株 (5.0%)	30%未満であるため、同族株主以外の株主
⑤その他同族関係のない少数株主	250,000株 (25.0%)	30%未満であるため、同族株主以外の株主
合計	1,000,000株 (100%)	

（※1）C社は甲家が筆頭株主である同族会社であり、甲家で株式総数の35%を所有しているが、持株比率が50%未満であるため同族関係者に該当しない（法令4③）。

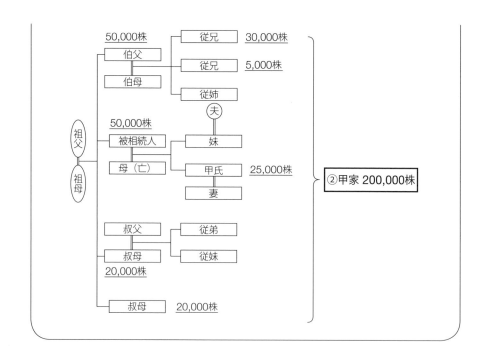

　相続後の遺産分割協議により、甲氏は被相続人の50,000株を引き継ぎ75,000株を所有することになりますが、A社は同族株主（B社）がいる会社に区分され、甲家は同族株主以外の株主グループに該当することととなり特例的評価方法となります。特例的評価方法の具体的な評価方法については後述しますが、結果株価評価としては原則的評価とし比して約5倍程度異なることとなりました。

　ここでの判定のポイントとしては、甲家とC社の関係をどうみるかです。C社の持株数を甲家に加えれば議決権割合が30％以上となるため、同族株主グループに該当し原則的評価方法となります。同族株主の判定については、【株主の区分判定表】でも説明したように、同族株主の判定基準となる株主とその株主の同族関係者を1グループとして判定することとされていますが、同族関

係者は個人と法人に区分されることになります。

　個人については、その判定対象となる甲氏の親族が同族関係者となりますが、親族とは民法の規定により6親等内の血族、配偶者、3親等内の姻族とされているので、上記の親族図での登場人物は全て親族となります。実務でも、一般的に親戚と呼んでいる人が親族外になるようなことは稀であろうかと推察します。

　法人については、C社が甲家によって支配されている場合には、同族関係者に該当するものとされています。この支配されている場合とは、他の会社の発行済株式数の50％超を有する場合または議決権総数の50％超を有する場合等とされていますが、甲家は35％しかC社株式を所有していないため、C社は同族関係者には該当しないこととなります。そうすると、甲家の同族関係者は親族の持分を合計した持株数ですから、C社の持株数は加味しないこととなり、20％＜30％となるため、同族株主には該当しないこととなります。C社は甲家を筆頭とする同族会社（発行済株式数のうち上位3グループの持株割合の合計の占める割合が50％を超える会社をいいます）ではありますので、同族関係者でもあると判定を誤ってしまう可能性があります。したがって、同族会社判定と同族株主判定の違いをきちんと理解して行う必要があります。

　ただし、C社が実質的に甲家に支配されているものとされる事実があるような場合には、C社も同族関係者として判定される可能性もあり、その場合には甲家の持ち分にC社持ち分も加味すると甲家も同族株主となりますので、原則的評価額と認定されることがあります。形式的には特例的評価額の要件を満たしていたとしても、事実認定で覆る可能性もありますので、留意が必要です。

　本事例では、C社のそのほかの株主は、従前より上場会社であったり、純然たる第三者であったことから、実質的にも50％超を甲家が保有しているもの

とは考えられないため、事実認定で原則的評価額に覆る可能性は低いものと考えられます。

　その他同族判定で留意すべき点としては、5％未満の取得者の場合においての役員判定があります。この場合の役員とは、財産評価通達188で社長、理事長並びに法人税法施行令71条1項1号、2号及び4号に掲げる者とされており、判定の時期は課税時期において役員であるかまたは課税時期の翌日から法定申告期限までの間に役員となる者とされています。同令71条1項1号、2号及び4号に掲げる者とは具体的には、以下の者となります。

【役員の範囲】

①	代表取締役、代表執行役、代表理事及び清算人
②	副社長、専務、常務その他これらに準ずる職制上の地位を有する役員
③	取締役（<u>指名委員会等設置会社の取締役及び監査等委員である取締役に限る。</u>）、会計参与及び<u>監査役並びに理事</u>

　上記より、指名委員会等設置会社以外の会社の一般的な取締役については、原則として役員に含まれないことになりますので、会社法上の役員が必ずしも財産評価上の役員ではないという点は留意すべきです。指名委員会等設置会社は、一般的には上場クラスの大会社が大半であるため、非上場会社においていわゆる平取締役であれば、財産評価上の役員判定から除外される可能性は高いものと考えられます。なお、監査役については常に財産評価上の役員となることも留意すべき点です。一般的な非上場会社においては、監査役は非常勤であることが多いかと思いますが、常勤の平取締役は財産評価上の役員判定に該当しないのに対し、非常勤の監査役は財産評価上の役員判定に該当することについてはやや違和感が感じられます。

（3）所得税基本通達 59-6 の改正

　非上場株式の時価の判断について同族株主のいる会社かどうかということが論点となり争われた判例があります。詳細は（4）で後述しますが、地裁では国税側が勝訴し、高裁で逆転し納税者側が勝訴したため、このまま納税者側が勝訴するのではと注目されていましたが、結果として最高裁では国税側が勝訴という差戻判決がありました。

　高裁では、同族株主の判定について評価通達の読替解釈をするようなことは納税者の課税に対する信頼性及び予見可能性の見地から、文理解釈すべきと一旦は納税者が勝訴しましたが、最高裁では評価通達はあくまでも行政遂行上定めているに過ぎず、法律の趣旨から考えると国税側の考え方が正しいものとされ、譲渡所得の譲渡時点において所有者である譲渡人の会社への支配力の程度に応じて評価方法を用いるべきとされました。

　争点となっていた通達解釈についても、あくまで相続税及び贈与税の評価に関するものであり、また、通達は法規命令ではなく、原則として業務執行上はこれに拘束されるものの、国民を拘束するものでも裁判所を拘束するものでもないもないという判断でした。これまでも、通達は法律ではないため否認された事例はありましたが、本事例では、通達解釈が複雑であること、そもそも所得税や法人税において、相続税法に関する通達の読替を行う方法となっていたことが納税者側にとって不利益になっていることは否定できないものと考えます。本事例は、事実認定ではなく法律解釈の問題になるため、高裁に差し戻されても納税者敗訴の可能性が高いものと推察しますが、裁判所の判断から通達改正が望まれるところではありました。

　その後、国税庁は本件判決を踏まえてパブリックコメントの実施を公表しています（令和2年7月30日締切）。内容としては、非上場株式を法人に対して

譲渡を行った者が、同族株主以外の株主に該当するか否かの判断を明確化するための通達改正です。法人に対する譲渡等については、著しく低い価額の場合、時価で譲渡があったものとみなされる規定があります。いわゆるみなし譲渡課税で、所得税法59条1項、所得税基本通達59-6で定められています。所得税基本通達59-6（1）では、「財産評価基本通達188の（1）に定める「同族株主」に該当するかどうかは、株式を譲渡又は贈与した個人の当該譲渡又は贈与直前の議決権の数により判定すること」と定められていますが、これは同族株主のいる会社であるかどうかの判定のみが明記されていることから、同族株主以外の株主に該当するかどうかの判定上は譲渡または贈与後の議決権数で判断するのではないかと先述の裁判で納税者側が主張したものでした。

　確かに、何も定めがなければ、現行上、財産評価基本通達188では、「取得した株式」と取得者ベースで記載されていますので、読替で準用するのであれば納税者側の主張にも一定の合理性はあるものと考えられます。そこで、みなし譲渡における読替を、「取得した株式」から「譲渡又は贈与した株式」に変更し、その上で同族株主以外の株主に該当するか否かは、株式の譲渡または贈与直前の議決権数で判定することを改正後の通達では、以下のように明示しています。

【改正後の所得税基本通達59-6】（下線部が改正箇所）】

（株式等を贈与等した場合の「その時における価額」）
59－6　　法第59条 第1項の規定の適用に当たって、譲渡所得の基因となる資産が株式（株主又は投資主となる権利、株式の割当てを受ける権利、新株予約権（新投資口予約権を含む。以下この項において同じ。）及び新株予約権の割当てを受ける権利を含む。以下この項において同じ。）である場合の同項に規定する「その時における価額」は、23〜35共－9に準じて算定した価額による。この場合、23〜35共－9の（4）ニに定める「1株又は1口当たりの

純資産価額等を参酌して通常取引されると認められる価額」については、原則として、次によることを条件に、昭和39年4月25日付直資56・直審（資）17「財産評価基本通達」（法令解釈通達）の178から189−7まで《取引相場のない株式の評価》の例により算定した価額とする。

（1）　財産評価基本通達 178、188、188−6、189−2、189−3及び189−4中「取得した株式」とあるのは「譲渡又は贈与した株式」と、同通達185、189−2、189−3及び189−4中「株式の取得者」とあるのは「株式を譲渡又は贈与した個人」と、同通達188中「株式取得後」とあるのは「株式の譲渡又は贈与直前」とそれぞれ読み替えるほか、読み替えた後の同通達185ただし書、189−2、189−3又は189−4において株式を譲渡又は贈与した個人とその同族関係者の有する議決権の合計数が評価する会社の議決権総数の50％以下である場合に該当するかどうか及び読み替えた後の同通達188の（1）から（4）までに定める株式に該当するかどうかは、株式の 譲渡又は贈与直前の議決権の数により判定すること。

（2）　当該株式の価額につき財産評価基本通達　179の例により算定する場合（同通達189−3の（1）において同通達179に準じて算定する場合を含む。）において、当該 株式を譲渡又は贈与した個人が 当該譲渡又は贈与直前に 当該株式の発行会社にとって同通達188の（2）に定める「中心的な同族株主」に該当するときは、当該発行会社は常に同通達178に定める「小会社」に該当するものとしてその例によること。

（3）　変更なしのため、省略

（4）　変更なしのため、省略

　改正後の上記通達については、財産評価基本通達を準用して読み替えることで生じる誤解をなくすことを趣旨として、「その時における価額」の明確化が図られたとされています。確かに明確化はされたのかもしれませんが、準用通達をさらに読み替えることは依然として複雑であることは否めません。以下が財産評価基本通達の読替後です。

【改正後の所得税基本通達59-6に基づく財産評価基本通達188の読み替え（下線部分の括弧内が読み替え後）】

① 同族株主のいる会社の株式のうち、同族株主以外の株主の取得した株式 <u>（譲渡又は贈与した株式）</u>

　この場合における「同族株主」とは、課税時期における評価会社の株主のうち、株主の1人及びその同族関係者（法人税法施行令第4条（（同族関係者の範囲））に規定する特殊の関係のある個人又は法人をいう。以下同じ。）の有する議決権の合計数がその会社の議決権総数の30%以上（その評価会社の株主のうち、株主の1人及びその同族関係者の有する議決権の合計数が最も多いグループの有する議決権の合計数が、その会社の議決権総数の50%超である会社にあっては、50%超）である場合におけるその株主及びその同族関係者をいう。

② 中心的な同族株主のいる会社の株主のうち、中心的な同族株主以外の同族株主で、その者の株式取得後 <u>（株式の譲渡又は贈与直前）</u> の議決権の数がその会社の議決権総数の5%未満であるもの（課税時期において評価会社の役員（社長、理事長並びに法人税法施行令第71条第1項第1号、第2号及び第4号に掲げる者をいう。以下この項において同じ。）である者及び課税時期の翌日から法定申告期限までの間に役員となる者を除く。）の取得した株式 <u>（譲渡又は贈与した株式）</u>

　この場合における「中心的な同族株主」とは、課税時期において同族株主の1人並びにその株主の配偶者、直系血族、兄弟姉妹及び1親等の姻族（これらの者の同族関係者である会社のうち、これらの者が有する議決権の合計数がその会社の議決権総数の25%以上である会社を含む。）の有する議決権の合計数がその会社の議決権総数の25%以上である場合におけるその株主をいう。

③ 同族株主のいない会社の株主のうち、課税時期において株主の1人及びその同族関係者の有する議決権の合計数が、その会社の議決権総数の15%未満である場合におけるその株主の取得した株式 <u>（譲渡又は贈与した株式）</u>

④ 中心的な株主がおり、かつ、同族株主のいない会社の株主のうち、課税時期において株主の1人及びその同族関係者の有する議決権の合計数がその会社の議決権総数の15%以上である場合におけるその株主で、その者の株式

取得後(株式の譲渡又は贈与直前)の議決権の数がその会社の議決権総数の5%未満であるもの((2)の役員である者及び役員となる者を除く。)の取得した株式(譲渡又は贈与した株式)

　この場合における「中心的な株主」とは、課税時期において株主の1人及びその同族関係者の有する議決権の合計数がその会社の議決権総数の15%以上である株主グループのうち、いずれかのグループに単独でその会社の議決権総数の10%以上の議決権を有している株主がいる場合におけるその株主をいう。

　また、今回のパブリックコメントの回答の中で、所得税基本通達59-6の運用にあたり当該通達中(2)の財産評価通達178に定める小会社方式を計算する上で類似業種比準価額(具体的な類似業種比準価額の計算方法は後述します)の計算上用いる斟酌割合については、評価対象会社の会社規模に応じて当該割合を乗じるということが明記されていました。つまり、当該割合は評価対象会社が大会社であれば0.7、中会社であれば0.6、小会社であれば0.5の割合を乗じなさいということを示しています。ただし、これまで実務的には、会社規模に関わらず斟酌割合も小会社に該当するものとして0.5を乗じることが多く、市販ソフトでもそのように計算されていましたので、今後の影響は大きいものと考えられます。

　なお、当該通達改正の最後に尚書きで「これまでの取り扱いに変更を生じさせるものではないことに留意する」という一文がありますが、これをそのままの意味で捉えると、以前から大会社、中会社の斟酌割合について0.5で計算することを認めていたわけではありませんということになります。

　今回初めて明文化されましたので、この斟酌割合だけを捉えて過去の法人を介した株式譲渡に係る取引価格について指摘を受けることはないものと考えられますが、別の指摘事項がある場合には派生的に指摘を受ける可能性は0ではないかもしれません。

（4）タキゲン事件の検証

（3）で述べた、最高裁まで争われた低額譲渡の判例について検証していきたいと思います。これは、生前に関連会社に株式を譲渡したことにより、被相続人グループの持分が15％未満になったことによって、配当還元方式により評価したことが適正な時価であるか否かと、関連会社に株式を譲渡した価額が譲渡後の持分割合が15％未満であることから配当還元方式により評価した価額の譲渡が所得税法59条1項2号の低額譲渡に該当するか否かの2つの争点がありました。前者の非上場株式の評価方法に係る争点の詳細は後ほど検証したいと思います。概要は以下の通りです。

---

① 平成19年8月1日、甲がB社に対し、自己が有するA社株式のうち725,000株を配当還元価額である1株75円、総額54,375,000円で譲渡した。
② A社の発行済株式数は、株式譲渡時9,200,000株であった。譲渡株数の割合は、7.88％である。
③ 株式譲渡前の甲の持株割合15.88％、譲渡後は8％となった。
④ 甲の親族である同族関係者を含めると譲渡前22.79％、譲渡後は14.91％となった。
⑤ 平成19年12月に甲の相続が開始した。

【A社の株式譲渡前の株主構成】

同族株主順位	株数（議決権割合）	同族株主の判定
①甲	1,460,700　株 （15.88％）	30％未満であるため、同族株主以外の株主
②甲の親族	635,820　株 （6.91％）	30％未満であるため、同族株主以外の株主
③有限会社C	2,224,400　株 （24.18％）	30％未満であるため、同族株主以外の株主

④A経営研究会持株会	2,210,730 （24.03%）	株	30％未満であるため、同族株主以外の株主
⑤A社従業員持ち株会	2,315,150 （25.16%）	株	30％未満であるため、同族株主以外の株主
⑥その他個人株主	353,200 （3.84%）	株	30％未満であるため、同族株主以外の株主
合計	9,200,000 （100%）	株	

　上記株主構成からもわかるように、A社には30％以上保有する株主がいないことから同族株主のいない会社に該当するため、15％以上のグループに属するか否かによって原則的評価方法か特例的評価方法かに区分されます。譲渡前の持株割合をみると、甲家は22.79％で15％以上のグループに属しますが、譲渡後は14.91％となるため特例的評価方法による評価することができる区分となります。当該譲渡が平成19年8月に行われ、相続開始時点が同年12月であるため、比較的短期間で原則的評価方法（1株2,292円）から、特例的評価方法（1株75円）に変わったことについて、国税側が「特別な事情」があるのではないかとということから発端となり、低額譲渡についても調査対象に入ったものと推察できます。

　A社株式譲渡時点のB社の株主には、甲及び甲の親族は含まれておらず、全てA社の役員または従業員とされていました。また、B社は当該譲渡前においてC社の株式を取得しており、B社株式取得後は、一定の配当を行っていることから、持株会社として機能していたものと考えられます。そうすると、形式的には親族外取引となりますので、純然たる第三者に該当するものと考えられます。この場合において、先述したように本判例は最高裁まで議決権による株主判定を譲渡前に行うのか譲渡後に行うのかということについて争われていま

したが、そもそも純然たる第三者であるのであれば「取引価額＝時価」となるため、その争点以前の問題になるかと思えます。B社側からみると、当該譲渡は特段問題ないように思いますが、甲側からすると不合理であったとする判断とされています。

　不合理であるとする理由の1つは、当該譲渡が甲の相続に係る相続税対策という目的を有していたことがあったことと、もう1つは当該譲渡価額を決定するにあたって、B社との交渉が行われたという事実がなかったことです。そのため、正常な株式の売買とはみることができないものとして、「取引価額＝時価」としては認められませんでした。前者は認定事実として判例文に記載があったことから、何かしらの提案書やメモなどが出てきてしまったのであろうと推察します。それを裏付ける内容として、譲渡した相手先が甲が代表取締役を務めるA社の役員または従業員が株主であるB社であれば、通常は甲の意見に賛同することは明らかであり、B社に譲渡したとしても実質的に支配権を維持しつつ、形式的に株式の保有割合を15％未満にすることで相続税の負担を軽減する目的以外はないものと考えられます。ただし、⑤にて後述しますが、結果として、A社株式の相続税評価額については、特例的評価方法とすべきとする判断となっています。

3 | 純然たる「第三者間」とは

　純然たる第三者間取引であれば、合意形成された価額が税務上も時価として認められるものと考えられますが、どういった場合が純然たる第三者間に該当するのでしょうか。

　同族間取引であったとしても、価額の根拠となる評価方法に合理性があり、かつ、租税回避の意図がない取引きであれば、必ずしも税務上の評価方法でなくても、本来は相続税法22条の趣旨によると時価として認められるべきであると考えられます。なお、法人税基本通達逐条解説（八訂版　718頁）においても、「財産評価基本通達の例により、気配相場のない株式（筆者注：上場株式以外の株式）の評価を行うといっても、これが唯一無二の評価方式ということではなく、あくまで評価方法評価方法の1つに過ぎないことに留意すべきである。このほかにも気配相場のない株式の評価について種々の評価方法が考えられるところであり、例えば証券会社においては、新たに上場する株式について独自の評価方式を定めているようであるが、これも1つの評価方法として是認される余地があって然るべきものであろう。……純然たる第三者間において種々の経済性考慮して定められた取引価額は、たとえ上記したところと異なる価額（筆者注：税務上の評価方法によって算定した価額）であっても、一般に常に合理的なものとして是認されることとなろう」ということからも、一般的な経済取引において税務は干渉しないことされています。

　ただし、親族間取引であると、それが合理的な評価方法であったとしても税務上の評価方法によって取引を行わない理由が他にあるのではないか、課税上

弊害があるのではないか、換言すると租税回避の意図があるのではないかと疑義が生じるため、一般的には税務上の評価方法によって時価を算定することとなっています。要するに、純然たる第三者間取引とは、親族外取引（租税回避の意図がない）であることと、かつ、経済合理性のある取引であることが要件であるものと考えられます。

4 | 税務上の「第三者間」と純然たる「第三者間」

　筆者は、「税務上の第三者」と「純然たる第三者」を次のように区分することとしています。

	税務上の第三者	純然たる第三者
株主の属性	同族株主以外の株主（親族含む）	親族外の株主
是認される評価方法	特例評価（配当還元価額）or 合意形成された価額（租税回避の意図がない場合に限る）	合意形成された価額（租税回避の意図がない場合に限る）

　基本的に親族内取引では、純然たる第三者間取引には該当することはないと考えられます。なぜならば、財産評価基本通達で評価することを定めているにもかかわらず、あえて別の評価方法を選択することについての合理的な理由が説明できないことが多いためです。

　ただし、親族内取引のうち、純然たる第三者となり得る例外も存在するかと思います。例えば、親族間取引で長年にわたり仲違いしているような場合においては、純粋に財産評価基本通達によらない評価方法にて取引することについて、一定の合理性があることを主張できるかと考えられます。そのような場合では、税負担の軽減を目的とした取引でないことは明らかであり租税回避の意図はないものとして是認判断される可能性が高いものと推察します。

一方で、国税庁側においても、「特別な事情」がある場合には財産評価基本通達によらない評価方法にて強制的に国税庁長官が認める合理的な評価方法により評価することが認められています。画一的な評価方法がかえって他の納税者との相続税負担の公平性を害する場合には、不適当であるものとして形式的ではなく実質的な判断をして評価額を決めるというものです。評価の原則に立ち返ると、相続税法22条の時価となり、それは客観的交換価値、すなわち、不特定多数の当事者間で自由な取引が行われるとした場合に通常成立すると認められる価額となります。純然たる第三者間取引であったとしても、その株主間の背景や取引の経緯に不自然さがある場合には、留意する必要があります。

（1）国分事件の検証

　亡くなる直前に被相続人が親族外の第三者に株式を譲渡し、対象会社の同族株主の判定から外れることにより、結果として納税者が配当還元方式で評価して申告した事例がありました。国税庁は、財産評価基本通達に定められた評価方法によらないことが正当であることとし、特別な事情があるものとして納税者が敗訴した事例、いわゆる総則6項の適用があった事例がありましたので検証していきたいと思います。概要は以下の通りです。

① 　被相続人甲が代表を務めていたB株式会社の株式200万株及び土地建物（中央区日本橋所在）を平成2年6月8日に時価よりも低い価額（99,995,000円）で現物出資を行って有限会社Aを設立した。その後、相続人乙が現金5,000円を追加出資し、資本金等の額は1億円となった。
② 　B株式会社の時価は、1株当たり3,200円、200万株で総額64億円、土地建物の時価は、約13億円であった。

③ 有限会社Aの出資口数のうち52%を、平成3年12月5日B株式会社の取引先13社に額面で売却した。譲渡後の1社あたりの保有割合は、各社4%である。
④ ③の売却後、8日後平成3年12月13日に被相続人甲は亡くなった。
⑤ B株式会社の相続開始時点株主構成は以下の通り。

（※）この事例上においては、前提として種類株式は発行されていないので、議決権割合と株式保有割合は同一の意義です。

【B株式会社の相続開始時点の株主構成】

同族株主順位	株数（議決権割合）	同族株主の判定
①有限会社A	2,000,000 株 （28.6%）	30%未満であるため、同族株主以外の株主
②F合名会社 （甲家の同族関係者出資割合は以下参照）	1,862,000 株 （26.6%）	30%以上であるため、同族株主
③丙（甲の弟）	616,000 株 （8.8%）	30%以上であるため、同族株主
④乙（甲の子）	553,000 株 （7.9%）	30%以上であるため、同族株主
⑤その他同族関係のない少数株主	1,969,000 株 （28.12%）	30%未満であるため、同族株主以外の株主
合計	7,000,000 株 （100%）	

【F合名会社の相続開始時点の株主構成】

同族株主順位	株数（議決権割合）	同族株主の判定
①甲	2.3%	30%以上であるため、同族株主
②乙（甲の子）	64.4%	30%以上であるため、同族株主

③H（第三者）	33.3%	30％以上であるが、甲グループが50％超であるため同族株主以外の株主
合計	100%	

　本事例の主な争点は、有限会社Aが保有するB株式会社の株式200万株の評価方法をどのような評価方法にするべきかということです。まずは、形式的に判定した場合どのような判定になるか検証してみたいと思います。株式会社Bの株主構成を確認すると、F合名会社は甲家に50％超保有されているので法人税法施行令第4条の同族関係者に該当します。

　そうすると、F合名会社が26.6％、丙が8.8％、乙が7.9％ですので、合計で43.3％保有していることになり、甲家は株式会社Bの同族株主に該当します。そして、甲が直接48％所有する有限会社Aの株式評価ですが、相続開始直前に52％を取引先の第三者に簿価で譲渡しています。そのことによって、株式会社Bの同族株主か否かの判定上は、甲家の同族関係者に該当しないため、甲家とは切り離されて判定されます。単独で判断すると、保有割合が28.6％と30％未満であるため同族株主以外の株主に該当し、有限会社Aが保有するB株式会社の株式評価額は特例的評価方法である配当還元方式により評価という判定となります。

　形式的には特例的評価方法である配当還元方式が時価となるわけですが、やはり相続開始直前にA有限会社の52％の持分を譲渡することによって形式的に同族関係者を外れようとすることは、租税回避の疑義が生じる取引と言わざるを得ないと感じられます。さらには、当該52％を単独で所有するのではなく、13社で52％ということですので、A有限会社の実施的支配者は誰かということになると、13社が結託しない限りは48％の大株主である甲一族という

ことが相当です。仮に、13社が結託すれば甲家に反発することも確かに可能ではありますが、13社が全て株式会社Bの取引先であるということからも、株式会社Bの同族株主である甲家の意図が全く通じない間柄ではないかと思います。つまり、純然たる第三者に該当しないということになります。また、株式会社Bは創業1712年の老舗酒類卸売業者であり平成2年12月期の営業利益が7,014億円で、総資産額2,190億円の大会社であるため、力関係を鑑みて継続して良好な取引関係を築くために甲家の指示により株主になったことが推認できますし、反旗を翻すようなことはまずあり得ないのではないかと推察されます。

　結果として、裁判所の判断としては、保有割合48％であってもA有限会社は依然として甲家が実質的に支配されているものと考えられるのが相当であり、特例的評価方法である配当還元方式の趣旨である経済的に配当を期待する程度の価値のみを求める少数株主とは異なることが明らかであり、評価通達を画一的に適用することが著しく不適当と認められる「特別の事情」があるものと認められるものとされました。また、実質的にA有限会社が甲家に支配されているのであれば、株式会社Bの同族株主の判定上、甲家の同族関係者に該当するものとして認められるため同族株主に該当し、A有限会社が保有する株式会社B株式の評価は類似業種比準方式によるべきであると判断しています。

　このほかにも、A有限会社の純資産価額を評価する上で評価対象者である甲の同族関係者の保有割合が50％未満である場合には、対象会社への影響力を鑑みて100分の80を乗じて計算した金額とすることが定められていますが、その点についても実質的な判断からすると甲家に支配されているのであるから、100分の80の評価減を行う必要はないものとして判断されています。したがって、純資産価額の評価減についても実質的に支配しているのは誰かが重

要であり、形式的な保有割合は関係はないということになります。いずれの判決内容についても、特例的評価方法の趣旨からすると、少数株主は配当のみを期待すること目的としている株主について定めているのであるから、実質的に支配権を持っている株主に対しては原則的評価であるべきであるし、原則的評価における評価減も適用すべきではないということです。事実認定については判断が困難でありますが、本事例に関しては亡くなる直前に取引先13社に52％の持ち分を譲渡したことについて、保有することに至った背景を鑑みると名義株式的な取扱いとして判断され、結果として甲家の保有割合を50％未満にしているため、経済合理性のない取引として判断されたことが大きいものと推察できます。

　これまで説明してきたように、純然たる第三者間取引（租税回避の意図がない場合に限る）においては、当時者間で定めた価額が経済合理性を有しているものと考えられるため、税務で定める価額と異なる価額であっても是認されるものと考えられます。ただ、短期間のうちに同一株式の評価を行うに当たって、第三者間取引と親族間取引が混在しているようなケースにおいては留意が必要です。

　法人税基本通達9-1-13（1）では、当該事業年度終了の日前6月間において売買の行われたもののうち、適正と認められるものの価額については税務上の時価として認められています。この場合、単純に直近に売買実例があるだけでなく、適正と認められるものという要件がついています。例えば、親族間取引の直前に第三者である取引先や銀行などに時価よりも低い価額で売買を数件行っていた場合はどうなるでしょうか。親族間取引における税務上の時価として売買実例価額が是認されるかについては、第三者は少数株主なので低い価額、親族間取引は支配株主なので高い価額となるようなケースでは適正な価額と認められないでしょう。適正と認められるというのは、言い換えれば租税回避の意図がないということになりますが、判断が画一化されているのではなく個別判断となるので簡単なことではありません。

　過去の判例では納税者の譲渡直前に売買実例が行われて、時価について争われた判例がありました。本判例の背景は以下の通りです。

① 乙はオーストラリア国籍を有し、A社の株式63株を同社会長甲から1株100円、総額6,300万円で譲り受けた。その結果、持株割合（議決権割合）は6.6%となった。
② 甲と乙は親族関係になく、乙はA社のオーストラリアにある海外代理店であるX社の会長を務めている。
③ 配当還元価額は75円、原則評価は785円である。
④ 乙の購入資金は借入で手当てしており、その保証人には甲がなっていた。
⑤ 乙に譲渡する直前に甲は、銀行に対して1株800円弱で売買していた。

　課税処分庁側としては、乙は持分割合が6.6%とはいえ、直前の売買実例価額に比して著しく低いこと、乙の借入の保証人に甲がなっていたこと、甲の亡くなる約1年前の譲渡であったことから「特別の事情」があったものとして相続税法7条（みなし贈与）の適用により、配当還元価額ではなく、原則評価による価額が適正な時価として差額を贈与税の認定処分をしました。一方、判決は、甲の親族ではない乙がA社の事業経営に実効的な影響力を与える地位を得たものとはいえないこと、密接な関係性があったとは認められないものとして、みなし贈与税処分を取り消しました。

　評価通達によらない評価は、財産評価基本通達6項で定められていますが、評価通達の定めによって評価することが著しく不適当である場合には国税庁長官の指示を受けて評価するとあります。趣旨としては、画一的な評価方法を行うことが不適当と判断される場合には、国税側の示した時価をもって課税するというものです。当該通達は伝家の宝刀とも呼ばれたりもしますが、通達行政を行っている以上、納税者の信頼を損なうことから濫用はされないこととなっています。したがって、租税回避の意図が明らかである「特別な事情」があると認められる場合には当該通達の適用があることになりますが、課税処分庁がそのように判断したにもかかわらず、裁判所が「特別な事情」がなかったと判断したのは異例ともいえるでしょう。

本判例では、乙が保有する6.6％の持分割合と甲一族と乙の関係性からは乙に支配権が移転しているものとは認められないことから勝訴となったものと考えられます。事実認定で納税者が勝訴することは滅多にありませんが、参考になる事例です。

　また、この事例から考えられるのは、意図的に同族株主以外の株主になるように議決権割合を調整したものと認められる場合には、「特別な事情」があるものとして認定課税のリスクはあるということです。

　例えば、代表者が100％所有している株式を、融通の利く取引先に対象株式を50％超譲渡していた場合において、残りを代表者の親族に贈与等した場合には、対象会社の同族株主は取引先となり、親族は同族株主以外の株主となり、理論上親族は配当還元価額となります。しかし、取引先に大半を支配されることと、50％に満たないような議決権割合とすることについては、通常の取引としては異常であり経済合理性がなく節税以外の目的がないのではと疑義が生じることになります。実態として、対象会社と取引先の関係性から、所有する株式は名義株であれば支配権はなく、親族に支配権があると認められる場合には、「特別な事情」があるものとして配当還元価額が認められない可能性が高いかと考えます。

　この他に、取引先に株式を保有してもらうことにより同族関係者でない別会社に株式を保有させ、結果として配当還元価額とした判例がありました。②(4)で説明したタキゲン事件のもう1つの判例ですが、概要は以下の通りです。

① 甲の相続開始時点（平成19年12月）における対象会社Ａ社に対する相続人乙含む親族の議決権割合は、14.91％であり、30％以上有する株主は存在しない。
② Ａ社の株主にＢ社とＣ社があり、相続開始時点における議決権割合はそれぞれ7.88％、24.18％である。いずれも議決権割合の判定上では甲一族の同族関係者ではない。
③ 配当還元価額は75円、原則評価は2,990円である。
④ 相続開始前平成19年8月1日に被相続人甲は、Ｂ社に対して7.88％の株式を譲渡している。
⑤ Ｂ社に譲渡する前の甲一族のＡ社に対する議決権割合は22.79％である。
⑥ Ｂ社への譲渡価額は75円である。

　本判例では、同族株主がいない会社のうち、相続後の議決権割合が15％未満の株主グループに該当し配当還元価額となるため、同族株主の判定における議決権割合にについて納税者と課税処分庁とで争われました。大きな争点は、Ｂ社とＣ社を甲一族の同族関係者に含めるかどうかでした。課税処分庁は、同一の意思決定を有するものとして認定し、配当還元価額ではなく原則評価で課税を行う「特別な事情」があるとして更正処分決定を行っていました。一方判決は、Ｂ社とＣ社を甲一族の同族関係者に含めるかどうかの判断基準である法人税法施行令4条の解釈については、同条6項においては同族会社該当性の判断における議決権割合の判定にのみ適用される規定にすぎず、財産評価基本通達188における同族関係者の有する議決権割合の算定そのものには適用しないという解釈を判示し、納税者が勝訴しました。

　原処分庁は、Ｃ社及びＢ社がその有するＡ社の議決権についてＡ社の意思と同一の内容の議決権を行使することに同意していれば、法人税法施行令4条6項により、評価通達188の適用上、その議決権はＡ社が有するとみなされると判断していました。同施行令は以下の通りです。

【法人税法施行令4条　同族関係者の範囲】

　法第2条第10号（同族会社の意義）に規定する政令で定める特殊の関係のある個人は、次に掲げる者とする。

一　株主等の親族

二　株主等と婚姻の届出をしていないが事実上婚姻関係と同様の事情にある者

三　株主等（個人である株主等に限る。次号において同じ。）の使用人

四　前3号に掲げる者以外の者で株主等から受ける金銭その他の資産によつて生計を維持しているもの

五　前3号に掲げる者と生計を一にするこれらの者の親族

2　法第2条第10号に規定する政令で定める特殊の関係のある法人は、次に掲げる会社とする。

一　同族会社であるかどうかを判定しようとする会社（投資法人を含む。以下この条において同じ。）の株主等（当該会社が自己の株式（投資信託及び投資法人に関する法律（昭和26年法律第198号）第2条第14項（定義）に規定する投資口を含む。以下同じ。）又は出資を有する場合の当該会社を除く。以下この項及び第4項において「判定会社株主等」という。）の1人（個人である判定会社株主等については、その1人及びこれと前項に規定する特殊の関係のある個人。以下この項において同じ。）が他の会社を支配している場合における当該他の会社

二　判定会社株主等の1人及びこれと前号に規定する特殊の関係のある会社が他の会社を支配している場合における当該他の会社

三　判定会社株主等の1人及びこれと前2号に規定する特殊の関係のある会社が他の会社を支配している場合における当該他の会社

3　前項各号に規定する他の会社を支配している場合とは、次に掲げる場合のいずれかに該当する場合をいう。

一　他の会社の発行済株式又は出資（その有する自己の株式又は出資を除く。）の総数又は総額の100分の50を超える数又は金額の株式又は出資を有する場合

二　他の会社の次に掲げる議決権のいずれかにつき、その総数（当該議決権を行使することができない株主等が有する当該議決権の数を除く。）の100分の50を超える数を有する場合

　　イ　事業の全部若しくは重要な部分の譲渡、解散、継続、合併、分割、株式交換、株式移転又は現物出資に関する決議に係る議決権

ロ　役員の選任及び解任に関する決議に係る議決権
　　ハ　役員の報酬、賞与その他の職務執行の対価として会社が供与する財産
　　　上の利益に関する事項についての決議に係る議決権
　　ニ　剰余金の配当又は利益の配当に関する決議に係る議決権
　三　他の会社の株主等（合名会社、合資会社又は合同会社の社員（当該他の会
　　社が業務を執行する社員を定めた場合にあつては、業務を執行する社員）に
　　限る。）の総数の半数を超える数を占める場合

4　同一の個人又は法人（人格のない社団等を含む。以下同じ。）と第2項に規
　定する特殊の関係のある2以上の会社が、判定会社株主等である場合には、
　その2以上の会社は、相互に同項に規定する特殊の関係のある会社であるも
　のとみなす。

5　法第2条第10号に規定する政令で定める場合は、同号の会社の株主等（そ
　の会社が自己の株式又は出資を有する場合のその会社を除く。）の3人以下並
　びにこれらと同号に規定する政令で定める特殊の関係のある個人及び法人が
　その会社の第3項第2号イからニまでに掲げる議決権のいずれかにつきその
　総数（当該議決権を行使することができない株主等が有する当該議決権の数
　を除く。）の100分の50を超える数を有する場合又はその会社の株主等（合
　名会社、合資会社又は合同会社の社員（その会社が業務を執行する社員を定
　めた場合にあつては、業務を執行する社員）に限る。）の総数の半数を超え
　る数を占める場合とする。

6　個人又は法人との間で当該個人又は法人の意思と同一の内容の議決権を行
　使することに同意している者がある場合には、当該者が有する議決権は当該
　個人又は法人が有するものとみなし、かつ、当該個人又は法人（当該議決権
　に係る会社の株主等であるものを除く。）は当該議決権に係る会社の株主等
　であるものとみなして、第3項及び前項の規定を適用する。

　評価通達188において、同族関係者の定義として同条を引用しており、6項
の解釈は実質的に同一の意思があるものとみなして議決権割合の判定を行うも
のとされています。同一の意思があるものとみなして判定となる対象は、同条
3項に定める他の会社を支配しているかの判断に関して定めている規定である

ものとして、裁判所は判断しています。そのような判断に基づくと、評価通達188の適用上A社における株主の議決権割合の判定に同条6項が適用されるわけではないため、仮に、B社やC社がその有するA社の議決権割合について、甲一族やA社の意思と同一であったとしても、A社の同族株主の判定上、B社及びC社の有する議決権を甲一族が有する議決権としてみなす規定ではないものとしています。つまり、同条3項は「同族株主」ではなく「同族会社」の判定の規定であることを示しています。

　また、評価通達によらない「特別な事情」があるかないかの判断については、①A社において創業者である甲の意見は強い影響力はあったものの、役員会では甲の提案を否決することもあり他の役員も意見を主張できる状況であったこと、②C社は保険代理店業を行っておりペーパーカンパニーではなく、甲が代表ではあったが株主総会の意思決定も甲の意思が強く反映された事実は認められないこと、③B社は、定款の目的に定める事業そのものは行われていなかったものの、甲がB社への株式譲渡によりA社の株式を取得するのみならず、設立後間もなくC社の株式を取得するなどしており持株会社として一定の利益を上げていることや、B社の株主は実際に自らの資金で出資していることから、ペーパーカンパニーではなく、甲は株主でも役員でもないため甲の意思が強く反映された事実は認められないとして、甲一族がA社、B社、C社を実効的支配しているとは認められないものと裁判所は判断しています。

　本判例においては、まず評価通達188の文理解釈上、同族株主の範囲となる同族関係者について法人税法施行令4条第6項は「同族会社の判定における議決権割合」を算定する上でみなし保有規定を適用するべきあり、「同族株主の判定における同族関係者の有する議決権」の算定まで射程すべきでないと裁判所は判断しました。法人税法2条10号が同族会社の定義であり、特殊関係にある個人及び法人を同令で定めていますので、評価通達188における同族株主

の判定においては、同令6項のみなし議決権を用いて判定すべきではないという考え方となります。

　これまでみてきたように、通達の適用については、外形的には問題なくとも法律の趣旨と一致しないような「特別な事情」に当たる場合には、評価通達によらない評価基準で評価すべきとされていますので、本判例では事実認定の判断もされています。

　本判例においては、結果として「特別な事情」に当たらないものとして納税者が勝訴しましたが、相続開始年に（同族関係者ではない）関連性のある会社に一定株数を譲渡して、相続後の甲一族の議決権割合を15％未満とすることによって配当還元価額での非上場株式の時価算定を行っていますので、課税当局からしてみれば疑義が生じることは想像に難くありません。このような背景の中で納税者が勝訴するのは、珍しい判例であるように思います。個人的な見解ですが、現状の条文構成ですと議決権のみなし保有の射程の判断が少々難しいため、「同族株主の判定における同族関係者の有する議決権」にまで及ぶ通達改正があるかもしれません。また、税法間の準用についても税法独自の立法趣旨があるためどこかに綻びが出てきてしまうように感じられます。いずれにしても同様の事案が出てきた場合には、「特別な事情」の有無によって結論が変わる可能性があり得るので留意が必要であると考えます。

第 **2** 章

親族間取引における
時価の評価方法

1 | 税務上の時価評価の方法

（1）税務上の時価の区分

　非上場株式の時価の考え方は、「売り手」か「買い手」か双方の属性よって異なるため、一物一価にはならず、一物多価になるものです。以下では大きく4つの区分に分けて説明します。

①　個人間売買について

　個人間売買における時価については、以下の図表の態様に応じた評価方法になるものと整理されます。個人間売買の場合には、「買い手」側からの立場からみて判定を行うことに留意する必要があります。

【個人間取引による評価方法】

		売主側の区分	
		支配個人株主	少数個人株主
買主側の区分	支配個人株主	原則的評価方法〈ケース1〉	原則的評価方法〈ケース2〉
	少数個人株主	特例的評価方法〈ケース3〉	特例的評価方法〈ケース4〉

　個人間での売買を行うに当たっては、「みなし贈与」に気を付けなければなりません。みなし贈与とは、民法上の贈与とは異なり、当事者間での贈与の意思がないものであっても実質的には贈与により取得したものとして時価との差額について贈与税が課税されることです。つまり、低廉譲渡を行った場合に

は、売り手から買い手に対して贈与がなされたとみなして贈与税、一方で高額譲渡を行った場合には、買い手から売り手に対して贈与がなされたとみなして贈与税を課税するというロジックとなります。

　個人間取引の時価の基準となるのは、相続税評価額となります。例えば、持株会を設立する場合においてオーナーから拠出するケースがありますが、オーナーから持株会に株式を譲渡する場合には、〈ケース3〉に該当し特例的評価方法が時価となるため、低い価額で持株会の会員は株式を取得することが可能となります。ただし、逆に持株会を解散する場合など、やむを得ず持株会の株式をオーナー戻す場合には、〈ケース2〉に該当し、特例的評価方法ではなく、原則的評価方法になるので留意する必要があります。

　上記図表の評価方法による売買価額を算定している限りでは、みなし贈与の論点は生じませんが、1円でも低廉または高額になったからといって、その時点でみなし贈与が生じるわけではありません。その判断基準は、法令及び通達には規定されていませんが、実務的には平成15年6月19日の裁決事例が参考になります。事例の概要としては、請求人が祖母から買い受けた土地の価額が時価よりも低かったことにより、その時の価額が「時価よりも著しく低くかった」のかどうかという相続税法7条（贈与又は遺贈により取得したものとみなす場合）の規定の適用があるかどうかが争われた事例です。その裁決文中に、「その譲受価額がその時価に占める割合は79.3％であることから総合勘案すると、本件土地の譲受けは、相続税法第7条に規定する『著しく低い価額の対価』による譲受けに該当しないとするのが相当である」（平15.6.19裁決　裁決事例集No.65　576頁一部抜粋）という一文があり、時価よりも譲受価額は低かったものの、時価の約8割であれば著しく低いとは言い難いのでみなし贈与は適用されませんでした。この事例を準用すると、私見にはなりますが、非上場株式の譲渡においても約10％〜20％の範囲内であれば税務上認められるの

ではないかと推察されます。

②　個人から法人への売買について

　個人から法人に売買する際の時価については、所得税基本通達23〜35共-9及び59-6を参酌して評価することが一般的です。これら通達では、基本的には財産評価基本通達に基づいて評価した価額を準用することが定められています。

【個人から法人への売買時の評価方法】

		売主側の区分	
		支配個人株主	少数個人株主
買主側の区分	支配法人株主	原則的評価方法〈ケース5〉	原則的評価方法（個別判断）〈ケース6〉
	少数法人株主	特例的評価方法（課税上弊害がない限り）〈ケース7〉	特例的評価方法〈ケース8〉

　売主側は個人なので所得税基本通達59-6、買主側は法人なので法人税基本通達9-1-14に基づいて株式時価を算定することになります。〈ケース5〉や〈ケース8〉については、双方とも支配株主または少数株主であり、株価評価方法は一致するので問題ありませんが、〈ケース6〉や〈ケース7〉では、売主側と買主側とで少数株主、支配株主の区分が異なるので画一的な判断が難しくなります。

　この場合においては、一般的に非上場株式は市場がなく換金性が乏しく、買主の立場の方が強いことが多いため、買主側の株主区分に応じた時価によって取引された価額は、税務上認められるものと考えられます。

　また、個人法人間取引においては、①の個人間売買のみなし贈与とは異な

り、所得税法59条1項2号に規定する「みなし譲渡」に気を付けなければなりません。みなし譲渡とは、所得税法施行令169条で定めている、譲渡時における価額の2分の1に満たない金額で譲渡した場合には、その時の価額（時価）により譲渡したものとみなして所得金額を計算するというものです。所得税法59条1項2号では、法人に対する譲渡に限定されているため、個人から法人への譲渡のみ、みなし譲渡の論点が発生することになります。

【改正前所得税基本通達59-6　一部抜粋】※下線は筆者が加筆

　法第59条第1項の規定の適用に当たって、譲渡所得の基因となる資産が株式である場合の同項に規定する「その時における価額」とは、23〜35共－9に準じて算定した価額による。原則として、次によることを条件に、財産評価基本通達」の178から189-7までの例により算定した価額とする。

イ	<u>財産評価基本通達188の(1)に定める「同族株主」に該当するかどうかは、株式を譲渡又は贈与した個人の当該譲渡又は贈与直前の議決権の数</u>により判定すること。
ロ	当該株式の価額につき財産評価基本通達179の例により算定する場合（同通達189-3(1)において同通達179に準じて算定する場合を含む。）において、株式を譲渡又は贈与した個人が当該株式の発行会社にとって同通達188の(2)に定める「中心的な同族株主」に該当するときは、当該発行会社は常に同通達178に定める「小会社」に該当するものとしてその例によること。
ハ	当該株式の発行会社が土地（土地の上に存する権利を含む。）又は証券取引所に上場されている有価証券を有しているときは、財産評価基本通達185の本文 に定める「1株当たりの純資産価額（相続税評価額によって計算した金額）」の計算に当たり、これらの資産については、当該譲渡又は贈与の時における価額によること。
ニ	財産評価基本通達185の本文に定める「1株当たりの純資産価額（相続税評価額によって計算した金額）」の計算に当たり、同通達186－2により計算した評価差額に対する法人税額等に相当する金額は控除しないこと。

みなし譲渡課税の対象となるのは「売り手」である個人であるため、所得税基本通達59-6においても、譲渡した者の譲渡直前の議決権数により会社区分である同族株主のいる会社かどうかを判定することとなっています。ただし、改正前の所得税基本通達59-6では、財産評価基本通達188（1）の同族株主の判定は「売り手」の譲渡直前と定めていますが、それ以外の判定については言及されていませんでした。したがって、第1章で説明したように、財産評価基本通達188（2）及び（4）に定める中心な同族株主及び中心的な株主の判定上は、「買い手」の譲渡後で判定することとなっていました。つまり、同族株主がいるか否かの会社区分と、株主区分の確定の基準となる時期及び当事者が異なることになっていたため、第1章②（4）で説明した判例の見解が争われていました（令和2年3月24日判決　平成30年（行ヒ）第422号）。

　最高裁の判決文によれば、相続税の財産評価基本通達は、「相続等により財産を取得した者に対した財産の価額を課税価格として課されるべきものであることから、株式を取得した株主の会社への支配力に着目したもの」であり、これに対し譲渡所得に係る所得税は、「譲渡人の会社への支配力の程度に応じた評価方法を用いるべきもの」というそれぞれの税法間での課税対象の差異について問題点を指摘していました。このことから、譲渡所得に対する課税の立法趣旨に照らすと、少数株主に該当するか否かの判定上「買い手」の譲渡後で判定するのは誤りであり、「売り手」の譲渡前で判定すべきとすることについては合理性があるものと考えられます。法律家からすると当然の法理ではありますが、通達は法令ではないため通達の文理解釈というのは本来行うべきでないものと考えられます。高裁判決では、課税に関する納税者の信頼及び予見可能性を確保することを重視して通達の文理解釈すべきと判断していましたが、最高裁判決では法令の文理解釈をすべきとし、通達の拘束力を否定しました。現状の法令では時価評価に関する規定がないため、評価通達に委ねられているこ

とは税者側にとっては不合理でもあると考えられます。

なお、当該判決における譲渡時における時価をどう考えるかですが、その点についても譲渡人の会社への支配力の程度に応じた評価方法とするべきと判断されていることから、別の観点から配当還元価額の妥当性を明示しない限りは納税者側が勝訴するのは難しいかと思われます。本判決でも示されているように譲渡所得税の課税の趣旨から、譲渡前の譲渡人で判定すべきとするのであれば、財産評価基本通達188を準用することによって所得税の立法趣旨にはそぐわない判断になってしまっていることは否めませんので、納税者の信頼及び予見可能性の見地からは、税法間の準用の取りやめ及びさらなる通達改正が望まれます。

また、「売り手」である個人側は、時価の2分の1未満でなければみなし譲渡の規定の適用はなく、譲渡価額によって所得金額を計算することになりますが、同族会社に対する譲渡で時価の2分の1以上の譲渡価額により譲渡した場合において、その譲渡により売主である者の所得税負担を不当に減少させるとき（所法157《同族会社の行為又は計算の否認規定》）は、時価をもって譲渡所得税が計算されることになりますので留意が必要です。一方、法人側においては、時価以外の取引の場合には資本等取引を除いて、原則として時価と譲渡価額との差額は課税関係が生じることになります。

③　法人から個人への売買について

法人個人間売買において、「買い手」である個人にとっては、株式時価の明文規定がないため買主側の立場からの株式時価算定が困難となります。ただ、「売り手」である法人は、法人税法の原則に基づき時価での取引が求められているため、実務上の時価の算出方法は、「売り手」側を意識した法人税基本通達9-1-13及び9-1-14を参酌して評価した方法が一般的であると思われます。

【法人から個人への売買時の評価方法】

		売主側の区分	
		支配個人株主	少数法人株主
買主側の区分	支配個人株主	原則的評価方法 〈ケース9〉	原則的評価方法 〈ケース10〉
	少数個人株主	特例的評価方法 （課税上弊害がない限り） 〈ケース11〉	特例的評価方法 〈ケース12〉

　当該通達は、同族株主の判定時期以外は所得税基本通達59-6とほぼ同意義な内容となっていますが、所得税では譲渡所得計算上の価額について明記しているのに対して、法人税では法人税基本通達9-1-13及び9-1-14は評価損の通達であり明文規定が存在しないため、譲渡価額を算定する上では実務上準用しているにすぎない点について留意する必要があります。

　また、「売り手」が法人の場合に異なるのは、所得税基本通達59-6にある同族株主のいる会社の判定が譲渡前というものが法人税基本通達にはないため、同族株主のいる会社及び同族株主判定については、全て「買い手」の譲渡後となる点です。

【法人税基本通達9-1-14　一部抜粋】

　法人が、上場有価証券等以外の株式（9－1－13の(1)及び(2)に該当するものを除く。）について法第33条第2項《資産の評価換えによる評価損の損金算入》の規定を適用する場合において、課税上弊害がない限り、次によることを条件としてこれを認める。

イ	当該株式の価額につき財産評価基本通達179の例により算定する場合（同通達189－3の(1)において同通達179に準じて算定する場合を含む。）において、当該法人が当該株式の発行会社にとって同通達188の(2)に定める「中心的な同族株主」に該当するときは、当該発行会社は常に同通達178に定める「小会社」に該当するものとしてその例によること。
ロ	当該株式の発行会社が土地（土地の上に存する権利を含む。）又は金融商品取引所に上場されている有価証券を有しているときは、財産評価基本通達185の本文に定める「1株当たりの純資産価額（相続税評価額によって計算した金額）」の計算に当たり、これらの資産については当該事業年度終了の時における価額によること。
ハ	財産評価基本通達185の本文に定める「1株当たりの純資産価額（相続税評価額によって計算した金額）」の計算に当たり、同通達186－2により計算した評価差額に対する法人税額等に相当する金額は控除しないこと。

　「売り手」が法人の場合は、②の個人から法人への売買と異なりみなし譲渡の規定はないのですが、法人税法の時価以外での取引では課税が生じることになります。価額を算定するに当たって以下の区分が一般的には考えられますが、課税上弊害があるケースもあり得ます。例えば、〈ケース11〉のように、支配法人株主から少数個人株主に対して特例的評価額で譲渡した場合には、「売り手」の法人では低廉譲渡となってしまい、課税上弊害がある場合には原則的評価額としていることもあるかもしれません。ただ、通常は少数個人株主が原則的評価で取得すること自体が困難であるはずなので、実務的には特例的

評価で問題はほとんどないでしょう。

④　法人間売買について

　基本的な考え方としては、③と同様に、法人税基本通達9-1-13及び9-1-14を参酌した評価方法で時価を考えていくことになります。異なる点としては、法人間売買において完全支配関係内での譲渡の場合は、グループ法人税制や寄附金及び受贈益税制が適用されることですが、ここでは詳細は割愛します。

【法人間売買による評価方法】

		売主側の区分	
		支配法人株主	少数法人株主
買主側の区分	支配法人株主	原則的評価方法	原則的評価方法
	少数法人株主	特例的評価方法 （課税上弊害がない限り）	特例的評価方法

（2）原則的評価と特例的評価

①　原則的評価について

　非上場会社の株式の原則的評価については、下図の区分にように大会社、中会社又は小会社のいずれかの区分に応じて評価することになります（以下、財基通178,179より一部抜粋）。

【会社区分】

直前期末以前1年間における従業員数に応ずる区分				70人以上の会社は、大会社			
				70人未満の会社は、①及び②により判定 (※1)			
①直前期末の総資産価額（帳簿価額）及び直前期末以前1年間における従業員数に応ずる区分				②直前期末以前1年間の取引金額に応ずる区分			会社規模とLの割合（中会社）の区分
総資産価額（帳簿価額）			従業員数(※2)	取引金額			
卸売業	小売・サービス業	卸売業、小売・サービス業以外		卸売業	小売・サービス業	卸売業、小売・サービス業以外	
20億円以上	15億円以上	15億円以上	35人超	30億円以上	20億円以上	15億円以上	大会社
4億円以上20億円未満	5億円以上15億円未満	5億円以上15億円未満	35人超	7億円以上30億円未満	5億円以上20億円未満	4億円以上15億円未満	0.9
2億円以上4億円未満	2.5億円以上5億円未満	2.5億円以上5億円未満	20人超35人以下	3.5億円以上7億円未満	2.5億円以上5億円未満	2億円以上4億円未満	0.75　中会社
0.7億円以上2億円未満	0.4億円以上2.5億円未満	0.5億円以上2.5億円未満	5人超20人以下	2億円以上3.5億円未満	0.6億円以上2.5億円未満	0.8億円以上2億円未満	0.6
0.7億円未満	0.4億円未満	0.5億円未満	5人以下	2億円未満	0.6億円未満	0.8億円未満	小会社

（※1）①の区分のうち、総資産価額と従業員数とのいずれか下位の区分と②の区分のいずれか上位の区分により判定します。

（※2）役員（社長、理事長並びに法令71条1項1号、2号及び4号に掲げる役員）は含まれません。ただし、20頁の【役員の範囲】と同様に指名委員会等設置会社以外の会社の平取締役は財産評価上の役員に含まれないため、従業員数に含まれることに留意します。

　平成29年1月1日以後より、上図の下線部が改正されました。従前と比較すると、会社規模が上位に区分されやすくなっています。例えば大会社は、従業員数100人以上で大会社であったのに対し70人以上となりました。中会社

の区分も下限が引き下げられたため、Lの割合も上位に区分されやすくなっています。

　また、特に卸売業の取引金額の下限は大きく引き下げられたように見受けられます。一般的に卸売業は取引金額が大きいため、改正によって大会社や中会社の上位区分になる非上場会社も増えてくるものと想定されます。会社規模に応じる評価方法については、下図の通りです。

【一般の非上場株式の評価方法^(※1)】

	大会社	原則的評価方法	類似業種比準価額方式^(※2)
		特例的評価方法	配当還元評価方式
会社の規模区分	中会社	原則的評価方法	類似業種比準価額方式と純資産価額方式の併用方法^(※3)
		特例的評価方法	配当還元評価法式
	小会社	原則的評価方法	純資産価額方式^(※4)
		特例的評価方法	配当還元評価法式

（※1）特定の評価会社（比準要素1の会社、株式保有特定会社、土地保有特定会社、開業後3年未満の会社、開業前又は休業中の会社、清算中の会社）を除きます。

（※2）大会社は、原則として類似業種比準価額方式によって評価しますが、納税義務者の選択により純資産価額方式によって評価することもできます。

（※3）中会社は、類似業種比準価額×Lの割合＋一株当たりの純資産価額×（1△Lの割合）によって評価しますが、納税義務者の選択により純資産価額方式によって評価することもできます。

（※4）小会社は、一株当たりの純資産価額によって評価しますが、納税義務者の選択によりLの割合を0.5として類似業種比準価額方式と純資産価額方式と併用方式によることもできます。

（ア）類似業種比準価額について

　一般の非上場株式の評価方法における、大会社の原則的評価方法である類似業種比準価額方式は、類似する上場会社の株価並びに1株当たりの配当金額、利益金額及び純資産価額（帳簿価額によって計算した金額）を基とし、次の算

式によって計算した金額とされています（以下、財基通180より一部抜粋）。

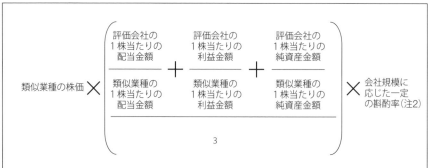

（注1）上記算式は、一株当たりの資本金等の額が50円であるものとして、各要素を比準させているため評価会社の資本金等の額が50円以外の金額である場合には、50円に調整して計算する必要がある。また、評価会社の配当金額、利益金額、純資産金額は直前期末以前の確定した決算の金額を用いることとし、直前期末時点での発行済株式数を用いる。
（注2）上記の一定の斟酌率とは、評価の安全性という趣旨から大会社が0.7、中会社が0.6、小会社が0.5とされている。

　平成29年1月1日以後より、類似業種比準価額方式の計算方法について、以下の点が改正されています。

（ⅰ）類似業種の上場会社の株価について、現行に加えて課税時期の属する月以前2年間平均の株価

（ⅱ）類似業種の上場会社の配当金額、利益金額及び純資産価額について、連結決算を反映

（ⅲ）配当金額、利益金額及び純資産価額の比重については、1:1:1の割合

（ⅰ）については、平成28年度以前は課税時期の属する月以前3か月間の各月の類似業種の株価のうち最も低い株価、もしくは納税義務者の選択により類似業種の前年平均株価によることもできるものとされていて、これに課税時期の属する月以前2年間の平均株価によることができることが加えられました。直近の類似業種の株価が高い場合においても2年間の平均株価を採用できる選択肢が加えられたことにより、株価は平準化されるようになります。

（ⅱ）については、連結決算は、一般的には単体決算よりも利益等の水準が高くなるため分母の金額が大きくなります。その結果、比準割合も低くなるため平成28年度以前の株価よりも低くなる会社が多くなることとなります。

（ⅲ）については、平成28年度以前は、利益の比重を3、その他要素を1とする計算式であったため、利益が高くなれば株価は大きく上昇し、逆に利益を下げれば株価は大きく下降するものでした。この比重を各要素で同一とすることにより、利益が高い会社であっても株価上昇を抑えられるようになります。

類似業種の業種目判定について

類似業種比準価額により計算するに当たっては、評価対象会社と同じような事業を営む類似業種の株価等を基に株価計算を行いますので、まず、評価対象会社の類似業種の業種目を「日本標準産業分類」に基づいて判定を行うことになりますが、会社区分に基づき判定した業種目とします。

業種目判定を行うにつき、複数の業種目を営んでいる場合には、取引金額全体のうちに占める業種目別の取引金額の割合が50％を超える業種目があれば当該業種目とし、その割合が50％を超える業種目がない場合には、次に掲げる場合に応じたそれぞれの業種目とされています。

【財産評価基本通達181-2より一部抜粋】
　イ　評価会社の事業が一つの中分類の業種目中の2以上の類似する小分類に
　　属し、それらの業種目別の割合の合計が50％を超える場合
　　その中分類の中にある類似する小分類の「その他の〇〇業」
　　なお、これを図により例示すれば、次のとおり。

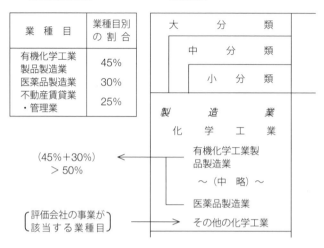

○ 評価会社の業種目と　　　　　　○ 類似業種比準価額計算上
　　業種目別の割合　　　　　　　　　　の業種目

業　種　目	業種目別の割合
有機化学工業製品製造業	45%
医薬品製造業	30%
不動産賃貸業・管理業	25%

大　　　　分　　　　類
　　中　　　分　　　類
　　　　小　　　分　　　類

製　　　造　　　業
化　　学　　工　　業

（45%＋30%）
＞ 50%

　　　　有機化学工業製
　　　　品製造業
　　　　～（中略）～
　　　　医薬品製造業

〔評価会社の事業が
　該当する業種目〕　　　→　その他の化学工業

ロ　評価会社の事業が一つの中分類の業種目中の2以上の類似しない小分類
　　の業種目に属し、それらの業種目別の割合の合計が50％を超える場合
　　（（イ）に該当する場合を除く。）
　　その中分類の業種目
　　なお、これを図により例示すれば、次のとおり。

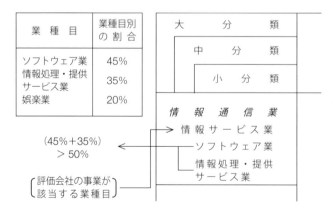

○ 評価会社の業種目と　　　　　　○ 類似業種比準価額計算上
　　業種目別の割合　　　　　　　　　　の業種目

業　種　目	業種目別の割合
ソフトウェア業	45%
情報処理・提供サービス業	35%
娯楽業	20%

大　　　　分　　　　類
　　中　　　分　　　類
　　　　小　　　分　　　類

情　報　通　信　業
　　→　情報サービス業
　　　　ソフトウェア業
　　　　情報処理・提供
　　　　サービス業

（45%＋35%）
＞ 50%

〔評価会社の事業が
　該当する業種目〕

ハ 評価会社の事業が一つの大分類の業種目中の2以上の類似する中分類の
　業種目に属し、それらの業種目別の割合の合計が50%を超える場合
　その大分類の中にある類似する中分類の「その他の○○業」
　なお、これを図により例示すれば、次のとおり。

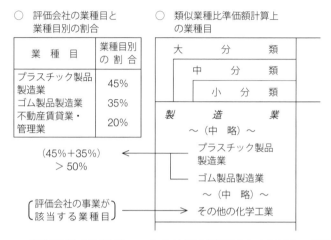

ニ 評価会社の事業が一つの大分類の業種目中の2以上の類似しない中分類
　の業種目に属し、それらの業種目別の割合の合計が50%を超える場合（ハ
　に該当する場合を除く。）
　その大分類の業種目
　なお、これを図により例示すれば、次のとおり。

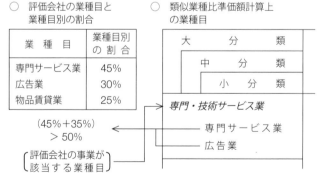

ホ イからニのいずれにも該当しない場合
　大分類の業種目の中の「その他の産業」

老舗企業や組織再編を行った会社にありがちなのが、法人税申告書等の業種目について、現在の主たる事業は異なるものになっているのにも関わらず創業時や合併前の業種目のまま記載しているケースです。兼業企業の業種目判定は、決算書からだと不明確な場合が多いため、経理担当者に売上内訳を必ず確認する必要があります。実態業種を鑑みないまま株価計算してしまうと、株価が大きく変わってくることもあるので、この判定は類似業種比準価額を計算する上で非常に重要なものです。

（イ）　純資産価額について

　一般の非上場株式の評価方法における、小会社の原則的評価方法である純資産価額方式とは、課税時期時点における相続税評価に引き直した純資産価額によって評価する方法です。大会社や中会社であっても納税義務者の選択により純資産価額を適用することはできますが、多額の含み損資産を抱えている場合など特殊な場合を除いて一般的には類似業種比準価額の方が低くなることが多いでしょう。具体的な計算方法は以下のとおりとなります（以下、財基通185より一部抜粋）。

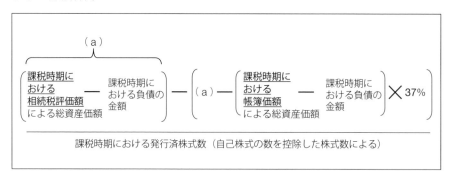

　この場合における課税時期における発行済株式数は、類似業種比準価額とは異なり直前期末時点での発行済株式数ではないことに留意が必要です。直前期

末の翌日から課税時期までの間に第三者割当増資や組織再編が行われているようなケースでは、類似業種比準価額と純資産価額の1株当たりの単価を計算する上でベースとなる発行済株式数が異なることとなります。また、中会社の算式及び小会社の1株当たりの純資産価額については、株式の取得者とその同族関係者の有する議決権の合計数が評価会社の議決権総数の50％以下である場合においては、上記により計算した1株当たりの純資産価額に100分の80を乗じて計算した金額となります。

　少々複雑なのですが、中会社については、原則評価である類似業種比準価額×Lの割合＋純資産価額×（1－Lの割合）の計算上の純資産価額について100分の80を乗じて計算することを意味しており、選択適用である純資産価額については100分の80を乗じて計算することはできません。一方で小会社については、原則評価である純資産価額について100分の80を乗じて計算することを意味しており、選択適用であるLの割合を0.5とした類似業種比準価額と純資産価額との折衷方式上の純資産価額については、100分の80を乗じて計算することはできないこととなります。要するに、選択適用による純資産価額では、100分の80の適用はないということです。

　原則の考え方は、課税時期における相続税評価による純資産価額ですが、課税時期が決算期末であることは稀であるため、基本的には仮決算を組むことを前提としています。ただし、課税時期において仮決算を組むことも実務的な観点で難しいケースが多いことから、直前期末から課税時期までの間に資産及び負債について著しく増減がないため、評価額の計算に影響がないと認められるときは、直前期末決算を基に評価してもよいと簡便的に認められていますので、実務上直前期末決算に基づいて評価することが多いです。

　課税時期における相続税評価額による純資産価額については、会計上帳簿価額の有無に関わらず評価をするものがあるので留意が必要です。代表的なもの

では、借地権や営業権が挙げられます。

　また、課税時期における負債については、確定債務ではない貸倒引当金、退職給与引当金、賞与引当金、納税充当金その他引当金は負債に含まれないものとし、次に掲げる金額は負債に含まれるものとされます（財産評価基本通達186）。

① 課税時期の属する事業年度に係る法人税額、消費税額、事業税額、道府県民税額及び市町村民税額のうち、その事業年度開始の日から課税時期までの期間に対応する金額（課税時期において未払いのものに限る）

② 課税時期以前に賦課期日のあった固定資産税の税額のうち、課税時期において未払いの金額

③ 被相続人の死亡により、相続人その他の者に支給することが確定した退職手当金、功労金その他これらに準ずる給与の金額

　上記は限定列挙となっていますが、課税時期において確定債務となるものは負債に含めるべきと考えられますので、例えば、未払配当金についても課税時期時点において確定した債務であれば負債に含めるべきです。

　会社法施行前においては、直前期末の「利益処分」に係る配当金の金額は、直前期末における純資産を減少させることとなりますので、直前期末決算を用いる場合においてこれらの金額は負債に計上して純資産価額を計算することとしていました。会社法の施行に伴い、各事業年度の決算に係る「利益処分」という概念がなくなったことから、この場合の配当金の金額の取扱いについては、他の負債項目と同様、直前期末において確定している場合で未払いのものに限り負債に計上すべきものか、または課税時期までの間に確定した配当金については負債に含めるべきものかという疑義が生じました。

　直前期末の翌日から課税時期までの間に、配当金交付の効力が発生している場合には、当該配当金が確定することにより株式の価額が下落することが考

えられます（いわゆる「配当落ち」）が、直前期末を基準とした場合には、その権利（配当金）を含んだ配当落ち前の価額となっていることになります。したがって、直前期末の資産及び負債を基に評価する場合であっても、課税時期までの間に確定した配当金については負債に含めるのが適当であることから、後者のように取り扱うこととなりました。

　なお、直前期末決算を基に評価することとしても、直前期末決算日の翌日から課税時期までの間に組織再編等により資産及び負債が著しく変動するような事象がある場合においては、個別に加減算することが合理的であると考えられるでしょう。

（ウ）　特定の評価会社の評価方法について

　原則的評価方法のうち、（ア）、（イ）については一般的な評価方法について述べてきました。財産評価基本通達では、一般の評価会社と比べて著しく資産構成が偏っているなど、特殊な会社について原則的評価方法を用いることによって課税上弊害が出てしまうケースがあるため、以下のような会社については特定の評価方法が定められています。

（ i ）　株式保有特定会社（財基通189（2）、189-3）

　複数の子会社株式を保有していたり、上場株式投資を行っている会社の場合には、株式保有特定会社に該当する可能性が非常に高いです。判断基準としては、課税時期におけるその会社の有する総資産価額（相続税評価額）のうちに占める株式等の価額の合計額（相続税評価額）の割合が50％以上である会社が該当することとなります。

　当該割合は、平成25年2月28日の東京高裁判決により、それまで大会社は25％以上とされていた割合について、会社の株式保有に関する状況が平成2年

の評価通達改正時から大きく変化していることから、25％という数字が著しく資産構成が偏っているとは判断できなくなったとされました。この判決により、平成25年に財産評価基本通達189(2)における大会社の株式保有割合による判定基準が50％以上に改正されました。中会社、小会社は従前より50％以上だったので、会社規模は関係なく50％以上となったことになります。

　株式保有特定会社の株式は、原則として純資産価額により評価しますが、選択によりS1＋S2による評価方法も認められています。S1とは、原則的評価方法による評価額から対象会社が保有する株式等（自己株式除く）とその株式等に係る受取配当金を除いて計算した評価額をいいます。S2とは、その対象会社がその保有する株式等のみを保有するものとした場合における純資産価額をいいます。

（ii）　土地保有特定会社（財基通189(3)、189-4）

　土地保有特定会社とは、課税時期においてその会社の有する総資産価額（相続税評価額）のうちに占める土地等の価額の合計額（相続税評価額）の割合が、財産評価基本通達上の大会社は70％以上、中会社は90％以上の会社のことをいいます。小会社については、その保有する資産規模に応じて異なります。

　小会社のうち、資産規模が大会社（総資産価額（帳簿価額）が卸売業は20億円以上、卸売業以外は15億円以上のものに限ります）に区分される小会社については70％以上、中会社（総資産価額（帳簿価額）が卸売業は7,000万円以上20億円未満、小売業・サービス業は4,000万円以上15億円未満、卸売業、小売業・サービス業以外に該当する事業は5,000万円以上15億円未満のものに限ります）に区分される小会社については90％以上となります。また、資産規模が卸売業は7,000万円未満、小売・サービス業は4,000万円未満、卸売業、小売・サービス業以外に該当する事業は5,000万円未満に区分される小

会社は、土地保有特定会社の対象外となります。土地保有特定会社の株式については、類似業種比準価額は一切加味されず、純資産価額のみで評価することになります。

　（ⅰ）及び（ⅱ）で共通する留意事項として、課税時期における判定について、その課税時期直前に合理的な理由なく資産構成が変動している場合において、その変動により株式保有特定会社又は土地保有特定会社に該当することを免れるためと認められる場合には、その変動はなかったものとして判定されることとされています。この場合における合理的な理由とは個別事情により判断する必要がありますが、例えば、借入金と現預金が両建てされたまま、設備投資等に現預金が使われていないようなときには、合理的な理由はないと判断されるものと考えられます。具体的な判断基準は明記されていませんが、そのような資産構成にした事業目的や趣旨が重要であると思われます。

（ⅲ）　比準要素1の会社　（財基通189(1)、189-2）

　比準要素1の会社とは、類似業種比準価額で用いる比準要素（配当、利益、純資産）のうち、いずれか2要素が0であり、かつ、直前前期末を基準にしてもいずれか2要素以上が0である会社が該当することとなります。比準要素1の会社の株式は、原則として純資産価額により評価しますが、納税者の選択により類似業種比準価額の25％と純資産価額75％との折衷方式によることもできます。

　趣旨としては、比準要素が2期続けて0が多いような場合には、類似業種比準価額を算定する上で比準対象会社と比して著しく異なるため課税上弊害があるものとされており、資産管理会社に多くみられる傾向であると思います。資産管理会社は、資産規模は大きいですが、基本的には資産保全のためローリスク・ローリターンで回すことができればよいと考えているケースが多いので、

利益の要素が0になりがちです。比準要素の計算上、資産規模が大きければ大きいほど、利益の水準も大きくなることになります。

例えば、10億円を出資した会社があるとします。類似業種比準価額の計算上、1株を50円単位にして計算しますが、その場合に、比準要素の利益が1円以上なるために必要な利益水準は2,000万円となります。投資効率から考えると出資額に対して利回り2％（1円÷50円）以上なければ事業として成り立っていないということになり、一般的な事業であればその水準はクリアできるはずですが、資産管理会社は不動産投資が大半を占めていますので、昨今の利回りを鑑みると都心部の物件だと厳しい水準となるでしょう。

また、配当金についても非上場の同族会社では出していないケースがほとんどなので、資産管理会社では特に比準要素について留意する必要があります。ただ、他の特定の評価会社は原則が純資産価額となるので、類似業種比準価額が25％加味されることによって、他の特定の評価会社と比べると緩和されているといえるでしょう。

（ⅳ）　開業後3年未満の会社等（比準要素0の会社含む）（財基通189(4)、189-5)

開業後3年未満の会社等は、設立後3年以内の会社又は類似業種比準価額の比準要素がいずれも0である会社が該当します。開業後3年未満の会社等の株式は、類似業種比準価額を採用することは不合理であることから純資産価額により評価することとなります。

（ⅴ）　開業前又は休業中の会社等（清算中の会社含む）（財基通189(5)、(6)、189-5，6)

開業前又は休業中の会社とは、会社登記後事業開始前の会社又は事業活動を

相当期間休止している会社をいいます。このような状態にある会社は、類似業種比準価額を採用することが不合理であることから純資産価額により評価することになります。

　清算中の会社の株式の評価は、清算の結果分配を受ける見込みの金額の課税時期から分配を受けると見込まれる日までの期間に応ずる基準年利率による複利現価の額によって評価します。

【事務上の留意点】　課税時期が直後期末に近い場合の取扱い

　非上場株式の評価の原則は課税時期時点での時価となるが、課税時期が直後期末に近い場合には、類似業種比準価額及び純資産価額はどのように考えるべきか。

　類似業種比準価額については、課税時期の日に属する年の前年における標本会社である上場会社の比準3要素（配当、利益、純資産）及び株価を基準として計算することとされています。また、財産評価基本通達183においても、対象会社の比準3要素については直前期末と定められていることからも、課税時期が直後期末に近い場合であっても類似業種比準価額は、直前期末の数字を使用することが合理的であるものと考えられます。

　ただし、類似業種比準価額の計算上、直前期末の翌日から課税時期までの間に以下の事象に該当した場合には、それぞれに掲げる算式によって修正した金額によって評価するものと財産評価基本通達184で定められています。

　①　直前期末の翌日から課税時期までの間に配当金交付の効力が発生した場合

　　1株当たりの類似業種比準価額△株式1株に対して受けた配当の額

　②　直前期末の翌日から課税時期までの間に株式の割当て等の効力が発生した場合

　　（1株当たりの類似業種比準価額＋割当受けた株式1株につき払い込んだ金額×株式1株に対する割当株数）÷（1＋株式1株に対する割当株式数又は交付株式数）

【財産評価基本通達183　評価会社1株当たりの配当金額等の計算】

　180《類似業種比準価額》の評価会社の「1株当たりの配当金額」、「1株当たりの利益金額」及び「1株当たりの純資産価額（帳簿価額によって計算した金額）」は、それぞれ次による。

（1）「1株当たりの配当金額」は、直前期末以前2年間におけるその会社の剰余金の配当金額（特別配当、記念配当等の名称による配当金額のうち、将来毎期継続することが予想できない金額を除く。）の合計額の2分の1に相当する金額を、直前期末における発行済株式数（1株当たりの資本金等の額が50円以外の金額である場合には、直前期末における資本金等の額を50円で除して計算した数によるものとする。（2）及び（3）において同じ。）で除して計算した金額とする。

（2）「1株当たりの利益金額」は、直前期末以前1年間における法人税の課税所得金額（固定資産売却益、保険差益等の非経常的な利益の金額を除く。）に、その所得の計算上益金に算入されなかった剰余金の配当（資本金等の額の減少によるものを除く。）等の金額（所得税額に相当する金額を除く。）及び損金に算入された繰越欠損金の控除額を加算した金額（その金額が負数のときは、0とする。）を、直前期末における発行済株式数で除して計算した金額とする。ただし、納税義務者の選択により、直前期末以前2年間の各事業年度について、それぞれ法人税の課税所得金額を基とし上記に準じて計算した金額の合計額（その合計額が負数のときは、0とする。）の2分の1に相当する金額を直前期末における発行済株式数で除して計算した金額とすることができる。

（3）「1株当たりの純資産価額（帳簿価額によって計算した金額）」は、直前期末における資本金等の額及び法人税法第2条《定義》第18号に規定する利益積立金額に相当する金額（法人税申告書別表5(1)「利益積立金額及び資本金等の額の計算に関する明細書」の差引翌期首現在利益積立金額の差引合計額）の合計額を直前期末における発行済株式数で除して計算した金額とする。

（注）1　上記(1)の「剰余金の配当金額」は、各事業年度中に配当金交付の効力が発生した剰余金の配当金額（資本金等の額の減少によるものを除く。）を基として計算することに留意する。

　　　2　利益積立金額に相当する金額が負数である場合には、その負数に相当する金額を資本金等の額から控除するものとし、その控除後の金額が負数となる場合には、その控除後の金額を0とするのであるから留意する。

　一方、純資産価額については、課税時期における相続税評価額が原則ですが、課税上弊害がない限りは直前期末決算に基づいて評価してもよいこととされていますので、仮決算を組むのが実務的でない場合には、簡便的に直前期末決算を用いて評価していることが一般的だと思います。したがって、原則に基

づくと、課税時期が直後期末に近い場合には、直後期末決算を用いた方が課税時期における相続税評価額を計算するに当たって合理的であると考えられます。類似業種比準価額と純資産価額を計算する上で採用する決算期が異なるケースが出てきますので、その場合には留意が必要です。

② 特例的評価方法について

「同族株主の判定について」で述べたとおり、特例的評価方法に該当する株主については、所有する株式の価値を支配権としてではなく配当期待権として株式を所有しているものと考えられることから、配当還元評価方式により評価額が計算されます。この計算方法は、評価対象会社が支払う配当金を基に評価されるため、原則的評価方法と比べて簡便的であり、かつ、低い価額で評価されることになります。具体的な計算方法は以下のようになります（以下、財基通188-2より一部抜粋）。

（注1）上記「その株式に係る年配当金額」は、1株当たりの資本金等の額が50円であるものとしている前提であるため、資本金等の額が50円以外の金額である場合には、50円に調整して計算する必要がある。

特例的評価方法を採用する留意点としては、法人税法施行令4条6項で、「個人又は法人との間で当該個人又は法人の意思と同一の内容の議決権を行使することに同意している者がある場合には、当該者が有する議決権は当該個人

又は法人が有するものとみなす」という形式判定ではなく、実質判定する規定があることです。第1章⑤の判例では、原処分庁の主張は退けられましたが、潜在的には、その規定の範疇であると考えるべきです。また、従業員や取引先に形式的に株を持ってもらういわゆる名義株式にしておいて、意図的に特例的評価方法にしているような場合には、その規定にかかわらず原則的評価となり得るでしょう。

2 | 親族内MBOにおける時価

　通常株式の親族内承継においては、譲渡ではなく贈与が一般的ですが、それは直系親族に対する承継であり、直系でない親族に対しては譲渡によって承継するケースがあります。例えば、相続対策で先代オーナーが株式を後継者以外の親族にも株式を分散しているようなケースがあります。その場合には、後継者となる者が直系以外の親族から贈与により承継するのではなく、MBO（マネージメントバイアウト）と同じスキームにより承継することがあります。通常MBOは、対象会社内部の役員が株式をオーナーから取得する際に当該役員がSPC（持株会社）を設立し、金融機関の融資を受けた上でオーナーから対象会社株式を取得するスキームとなります。一般的な親族内MBOスキーム図は、以下のようになります。

【MBOスキーム図】

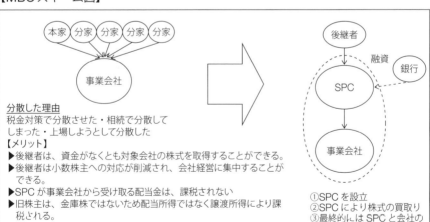

過去の相続対策で、株式を自分の子供達や兄弟に分散して株式数対策を行っていた時代がありました。親族内で固めている場合には、同族株主がいる会社に該当することになるので、そのうち1つの本家の同族株主グループを中心的な同族株主グループとすることで、その他の親族の相続については、特例的評価方法により相続させることが可能となります。本家内の相続については原則的評価となりますが、株式数を分散させているので本家の株式評価額総額としては圧縮させることを目的としていました。

　しかしながら、2世代目、3世代目になっていくと、株式数の分散がとめどなくなり、疎遠の親族も増えてくることで意思決定の側面からも経営上のリスクが出てきます。そのリスクを解消するために、親族内MBOスキームが有効であると思われます。

　なお、既に後継者が対象会社の株式を所有している場合には、後継者以外の株式をSPCが買い集めた後に株式交換をして対象会社をSPCの100％子会社にすることも想定されます。各当事者の課税関係等は以下の通りです。

（1）旧株主

　適正な時価については後述しますが、低廉譲渡又は高額譲渡によって課税関係が生じることになります。低廉譲渡の場合には、時価と売却価額との差額について買い先に対して寄附を行ったことになりますが、個人の場合には寄附金課税の概念はないため、特段課税は生じないでしょう。ただし、時価の2分の1未満での譲渡については「みなし譲渡」に該当し、時価で譲渡したものとみなされるため留意が必要です。高額譲渡については、原則として譲渡対価収入に含まれて課税されるため特段問題は生じないものと考えられますが、著しく時価と乖離している場合には時価との差額を給与課税されてしまうリスクも可

能性としては0ではないことを念頭に置いた方がよいでしょう。給与課税の場合には、売主側の所得区分が譲渡所得の分離課税ではなく、給与所得となり総合課税となるため適用される税率が異なってきます。

　また、旧株主にとっては、譲渡先に応じて所得区分が異なることになります。後継者には、株式取得資金がないことが一般的であるため、融資を受けなければなりませんが、個人で融資を受けることが難しい場合には対象会社が株式の大半を自己株買いするということが考えられます。その場合、旧株主は対象会社の譲渡対価のうち資本金等の額を超える部分についてはみなし配当課税が課税されることになり、最大で約55％の税金が課税されることになります。MBOスキームにおいては、SPCが旧株主から株式を取得することになるため、譲渡益に対して20.315％課税で済むため旧株主側からすると自己株買いするよりもメリットは高いでしょう。

　ただし、金融機関の信用格付の観点から、SPCと対象会社を連結でみるケースとそうでないケースがあるようです。連結でみる場合には、対象会社が配当金を吸い上げてSPCが返済することとなります。この場合の配当金は100％子会社からの配当金であるため、全額益金不算入 (※1) となり、無税で吸い上げることが可能です。ただし、20.42％の配当金に係る源泉所得税が控除 (※2) されるため留意が必要です。

　一方で、連結でみないケースは一定期間経過後にSPCと対象会社を合併することを求められます。ここで問題となるのが、あまりに短期間に合併まで完了してしまうと、結果として、対象会社が自己株買いをしたものとみなされる可能性があるということです。実際にSPCも設立登記をして、金融機関との融資契約を行って法律的にも売買手続きを経ていれば認定されるリスクは低いものと考えられますが、近年の否認事例の傾向は、経済合理性の有無と実行期間の長短がポイントとなっているものと推察するので留意する必要がありま

す。

（※1）　受取配当等の益金不算入の規定の適用については、完全子法人株式等に該当することを前提としており、対象会社の計算期間の初日から末日までの間完全支配関係を要する要件があるため、期中にMBOを行った際には、配当金を行う時期について留意する必要があります。

（※2）　所得税額控除の規定の適用については、対象会社の配当等の計算期間に応じて控除額が変動するため、（※1）と同様に留意する必要があります。

（2）後継者（SPC）

　後継者となる者は、資金力がないことが想定されるためSPC（ペーパーカンパニー）を設立し、SPCが金融機関等から融資を受け、対象会社株式を取得することになります。適正な時価での取得前提であれば、SPC側には課税関係が生じませんが、前項で記述したように、低廉譲渡又は高額譲渡の場合にはSPC側でも課税関係が生じます。低廉譲渡の場合には、時価と取得価額との差額について受贈益課税とされ、高額譲渡の場合には寄付金課税とされます。寄付金課税は一般寄付金となるため、一定の算式で計算した損金算入限度額を超える部分は損金不算入とされます。

　また、MBOのスキーム図においても、買収後は合併することが想定されていますが、一般的には対象会社を合併法人、SPCを被合併法人とする逆さ合併が多いでしょう。主な理由としては対象会社に許認可を維持するニーズがあることが挙げられます。

（3）対象会社

　対象会社は、買収される側であるため原則として課税関係は生じません。ただし、逆さ合併においては、合併後対象会社は自己株式を取得することになる

ため、会計上分配可能額が減少したり、多額ののれん含みで買収してきた場合には債務超過になることも想定されます。金融機関との融資契約上のコベナンツ（特約条項）で、純資産額の下限や自己資本割合の制限がある場合があるので、それに抵触しないように留意する必要があります。

（4）MBO における買取価額について

通常のMBOであれば、第三者間取引であるので市場の原理が働いて合意形成価額が税務上の時価と考えられるでしょう。ただし、対象会社の役員である者を純然たる第三者と言えるかどうかについては、また議論されるところでしょうから、ある一定の指標を逸脱し過ぎないように価額は決定されるべきであると考えます。実務上は、融資を行う金融機関にもある程度のエビデンスが必要となるので、所得税基本通達59-6、法人税基本通達9-1-14などを指標として価額は決定されるべきでしょう。

親族内MBOにおいては、当然のことながら税務上の価額が問題となってきます。個人から法人への売買に該当するので、第2章①（1）②〈ケース5〉の支配個人株主から支配法人株主もしくは〈ケース6〉少数個人株主から支配法人株主に該当することとなります。

3 | 自己株買いを行った際の時価

　基本的な時価の考え方としてはこれまで述べたとおりですが、対象会社が自社株買いを行った場合には、税務上それぞれの観点から考えていかなければなりません。「譲渡株主」、「発行法人」、「譲渡株主以外の株主」の3者で課税関係をみていく必要があります。ここで課税関係が生じる前提としては低廉金庫株を想定しています。相続税法9条では無償または低廉で譲渡した場合にみなし贈与として課税する旨が規定されているので、実務的にも低廉譲渡は合理的な理由がないケースが多く、税務当局は課税上弊害があるものとして否認傾向にあるように感じています。

(1)「譲渡株主」の税務リスク

　低廉金庫株を行った場合には、個人株主においては、「①税務上の時価評価の方法」で解説したように、みなし譲渡が生じ、法人株主においても、時価との差額は課税の対象となります。ただし、金庫株の場合には、みなし配当所得課税と譲渡損益課税に区分することとなることに留意する必要があります。出資金額が低く、留保利益が蓄積された会社で金庫株買いを行った場合には、ほぼみなし配当は発生する仕組みとなっています。

　特に個人株主の場合には、配当所得は総合課税で最大で55％（所得税率、住民税率合計）の税率となるので、課税関係について気を付けなければなりません。譲渡対価のうち、みなし配当部分を控除した残額が譲渡所得の対象となりますが、資本金等の金額が低い会社であれば大半がみなし配当となるため譲

渡所得は低くなります。法人株主については、みなし配当は課税済み利益であることから二重課税排除するため受取配当等の益金不算入の規定が適用されます。例えば、譲渡株主である法人が3分の1超の株式数を計算期間中保有していれば、控除負債利子を除いて全額益金にならないので、個人株主と法人株主かによって課税が大きく異なることとなります。

(2)「発行法人」の税務リスク

法人税法22条では、資本等取引を除く損益取引については、その事業年度の収益の額とする旨が規定されています。平成18年度税制改正前までは、自社株式買いは資産の取得として考えられていたため、資本取引と損益取引との混合取引説もありましたが、同税制改正によって自社株買いは資本等取引と位置付けられ、平成22年に公表された税大論叢においても、自社株買いは資本等取引であるため課税関係は生じないと記述されているため、今後実務的にも資本等取引一本と捉えても問題はないでしょう。

(3)「譲渡株主以外の株主」の税務リスク

低廉金庫株を「譲渡株主」が行った場合には、「発行法人」の会社価値は資本等取引であったとしても結果として増額されるため、間接的に「譲渡株主」から「譲渡株主以外の株主」に対して株主間みなし贈与生じていると考えられています（相法9）。ただし、相続税法基本通達9-2をみると、例示ではありますが、低廉金庫株した場合については定められていませんので、株主間贈与課税が行われるのか疑義が生じるところです。

また、本法の相続税法9条は、個人間のみなし贈与を規定しているため、株

主に法人がいる場合にはこの規定の適用が射程の範囲内なのかどうかについても疑義が生じます。

　一般的な実務解釈としては、条文や通達に記載のある文言以上に拡大解釈することや類推解釈するようなことはされるべきではなく、申告納税制度を採用している以上、納税者の信頼確保の観点からは原則として文理解釈により判断することが第一前提であると考えます。ただし、税法の立法趣旨を理解することも大切であり、趣旨に反するようなことは課税上弊害があるものとして法に従っていたとしても否認されることもあります。課税の公平性が原則的な考えがありますので、課税上弊害があるかどうかは、経済合理性の有無や租税回避の意図がある「特別な事情」により判断されるものと考えられますので、低廉金庫株を行う理由や背景なども踏まえて実行する際には検討が必要です。

【相続税法基本通達9-2　一部抜粋】

　同族会社の株式又は出資の価額が、例えば、次に掲げる場合に該当して増加したときにおいては、その株主又は社員が当該株式又は出資の価額のうち増加した部分に相当する金額を、それぞれ次に掲げる者から贈与によって取得したものとして取り扱うものとする。この場合における贈与による財産の取得の時期は、財産の提供があった時、債務の免除があった時又は財産の譲渡があった時によるものとする。

(1) 会社に対し無償で財産の提供があった場合　当該財産を提供した者

(2) 時価より著しく低い価額で現物出資があった場合　当該現物出資をした者

(3) 対価を受けないで会社の債務の免除、引受け又は弁済があった場合　当該債務の免除、引受け又は弁済をした者

(4) 会社に対し時価より著しく低い価額の対価で財産の譲渡をした場合　当該財産の譲渡をした者

　以上の内容を、事例で法人株主が発行法人に低廉金庫株をした場合の具体的な数字を当てはめて検討してみます。

【ケース①】 発行法人：資本等取引と損益取引　譲渡株主法人：損益取引

　ケース①では、発行法人側で資本等取引と損益取引の混合取引を想定します。自己株式を資産の取得として捉えると受贈益課税となるでしょう。

　一方で、譲渡株主法人側では、1株当たりの時価のうち1株当たりの資本金等の額を超える部分についてはみなし配当課税となります。譲渡対価のうち、みなし配当金額以外の部分は譲渡損益となります。みなし配当は1株当たりの交付金銭の額とされているため、時価とは関係なく実際の交付金銭の額を基に計算しますので、無償金庫株であればみなし配当は課税されないこととなります。低廉金庫株の場合においては、時価と譲渡対価（みなし配当以外の部分）との差額については、譲渡益で相手勘定は寄付金となります。寄附金の損金不算入額の限度額を超える場合には、譲渡益との差額分が課税されることとなります。

前提
- 法人株主が法人税法上1株当たりの時価16,000円の株式を50円（額面）で購入（金庫株）。
- 株発行法人の1株当たり資本金等の額は50円とする。

発行法人：資本取引と**損益取引**　譲渡法人株主：**損益取引**

発行法人	譲渡法人株主
自己株式　　50 / 現預金　　50	現預金　　　50 / 発行法人株式　　50
自己株式 15,950 / 現預金 15,950	現預金 15,950 / 譲渡益　　　15,950
現預金　15,950 / 受贈益 15,950	寄附金 15,950 / 現預金　　　15,950

低廉譲渡を受けたものとして**受贈益課税**。

平成18年度税制改正前はこの考え方もあった。

・交付金銭等の額と資本金等の額が同額であるため、みなし配当は生じない。
・時価と譲渡価額との差額は譲渡益と寄附金となる。

【ケース②】　発行法人：資本等取引　譲渡法人株主：損益取引

　ケース②では、発行法人側では資本等取引のみを想定しています。自己株式を資産の取得として捉えないため、発行法人側で課税関係は生じないでしょう。平成18年度税制改正や税大論叢の記述によって、現在はケース②の考え方が有力です。譲渡法人株主については、ケース①と同様となります。

前提
● 法人株主が法人税法上1株当たりの時価16,000円の株式を50円（額面）で購入（金庫株）。
● 株発行法人の1株当たり資本金等の額は50円とする。

発行法人：**資本等取引**　譲渡法人株主：損益取引

発行法人

自己株式　　50 / 現預金　　　　50
自己株式 15,950 / 現預金　15,950
現預金　15,950 / 自己株式 15,950

譲渡法人株主

現預金　　　50 / 発行法人株式　　50
現預金 15,950 / 譲渡益　　　15,950
寄付金 15,950 / 現預金　　　15,950

原則として発行法人側では
<u>課税関係は生じない。</u>

税大論叢でも
同様の考え方

・交付金銭等の額と資本金等の額が同額であるため、みなし配当は生じない。
・時価と譲渡価額との差額は譲渡益と寄附金となる。

（4）譲渡法人株主以外の個人株主の課税関係

　例えば、低廉譲渡を行うことによって発行法人の時価が9,000円から10,000円になったとすると、譲渡法人株主から個人株主への間接的な贈与があったとものとされます。ここでは、みなし贈与は相続税法の規定であるため、受贈者は個人株主を想定していますが、株式の時価も相続税評価額となることに留意しなければなりません。つまり相続税法基本通達9-2で著しく低い時価といっているのは、相続税評価を基準に考えることになるため、譲渡法人

株主が譲渡する時価（法人税法上の時価）の基準と異なることになるのです。この点は実務的には非常に難しいところでありますが、みなし贈与は間接的な課税となるため、まずは直接的な取引について時価の妥当性をもたらすことを優先的にすべきであると個人的には考えています。

【みなし株主間贈与の関係図】

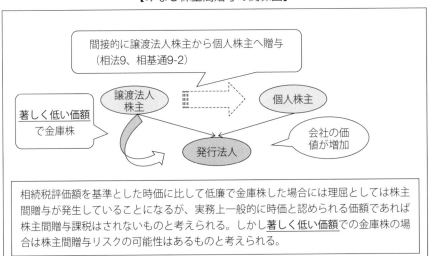

間接的に譲渡法人株主から個人株主へ贈与
（相法9、相基通9-2）

譲渡法人株主

個人株主

著しく低い価額で金庫株

発行法人

会社の価値が増加

相続税評価額を基準とした時価に比して低廉で金庫株した場合には理屈としては株主間贈与が発生していることになるが、実務上一般的に時価と認められる価額であれば株主間贈与課税はされないものと考えられる。しかし**著しく低い価額**での金庫株の場合は株主間贈与リスクの可能性はあるものと考えられる。

4 | DESを行う上での時価

　同族会社の決算書上オーナー借入金が計上されていることがありますが、この借入金はオーナーにとっては貸付金として基本的には額面相当額が相続税の対象となります。定期的に返済をしているのであれば、残高が膨れ上がることはないのですが、オーナーとしては会社の経営支援的な意味合いもあるので、返済を行わないことがほとんどです。

　基本的な評価通達上の時価の考え方としては、換金性の高低に応じて評価額も比例していく傾向にあります。貸付金は換金性が高く、評価額も高くなりますので、相続対策としてDESが行われることがあります。DESとは、デットエクイティスワップのことであり、直訳すると会社の債務（オーナーからみたら債権）と株式を交換すること、つまり債権の現物出資することをいいます。

　DESが行われることによって、出資を受けた法人側では負債から資本に振り替えられ、自己資本比率が向上するため財務状況はよくなりますので、一般的には経済合理性を有しているものと考えられます。

　DESを行う際に留意しなければならないのは、債権の評価額と対象会社の現物出資時に発行する株式の時価です。債権の評価額については、額面を評価額とする券面額説と対象会社の財務状況を反映させた評価額説というものがあります。これまでこの2つの説について議論されていましたが、平成12年に地裁判決で券面額説を採用して以来、現在では券面額説を採用する考え方が実務的かと思われます。ただし、法人税法の規定で適格現物出資に該当しない現物出資についてはその時の価額（法法2十六、法令8①九）で資本金等の額を計上することとされていますので、税務の考え方では評価額説となることも考

慮しておく必要があります。

　実務と税務での取扱いをきちんと納税者に説明しておかないと、後述するような損害賠償リスクが発生する可能性があります。評価額説を採用するとなると、その債権の回収可能性の判断をしなければならず、実務的には非常に困難であるため券面額説が一般的な考え方かと思います。また、評価額説を採用するのであれば、相続財産としての貸付債権も時価評価をしなければなりませんが、国税当局が回収可能性の高低に応じて時価を認めることはほぼあり得ませんので額面で評価することがほとんどです。しかしながら、対象会社が休眠状態で債務超過の場合においては、明らかに回収可能性が判断される可能性もありますので、そのような対象会社の債権を現物出資する場合には留意が必要です。

　一方で、株式の時価については、法人税法施行令119条1項2号で有価証券の取得価額その給付した金銭以外財産の価額とされています。帳簿価額とは規定されていませんので、その時の時価ということになります。この時価は、第1章で記述したように、税務上の時価が指標となります。法人に対する出資という行為を鑑みると、法人税基本通達9-1-14や時価純資産価額（評価差額に対する法人税等相当額は非控除）を参考に決定すべきかと考えます。どの時価を採用するかによって交付株式数が異なることになりますが、前項で記述したみなし株主間贈与については、計算根拠が合理的である「適正な時価」であれば課税要件は満たさないものと考えます。DESを行うに当たり、下記のようなケースはどのように考えるべきでしょうか。

【事例】 DESの課税関係

①対象会社A社は、9月決算の会社で増収増益を続けているが、設備投資を行いたい意向があり、追加融資を受けるため自己資本比率を上げることを画策している。

②A社の株主は、甲氏1人で1,000株有している。

③直前期末のA社の法人税法上の時価は1株5万円、相続税法上の時価は1株2万円である。

④R1年8月1日にA社に対する貸付債権100百万円を甲氏がA社に対してDESを行い、A社株式2,000株取得した。DES直後の相続税評価額は1株2万5,000円となった。

⑤R1年9月1日にA社株3,000株を後継者である乙氏に相続時精算課税贈与で贈与を行った。

- -

　法人税法上の時価と相続税法上の時価が乖離しているため、DES前後の相続財産が結果として圧縮されることになります。DES前の財産評価額が貸付金100百万円とA社株式20百万円（2万円×1,000株）で120百万円であったのが、DESの財産評価額がA社株式75百万円（2万5,000円×3,000株）となります。本事例で留意する点は、同族会社に対するDESなので、経済合理性を具備しているかどうかです。同族会社の行為計算の否認規定（法法132など）があり、当該行為自体が法形式に沿っていたとしても、経済合理性なく税負担を減少させたものと認められる場合には当該行為を否認するという規定です。この規定が適用されるのは、金額が大きいケースなどまだ限定的ではありますが、留意しなければなりません。経済合理性の判断基準は、税減少目的以外の事業目的があることと、その行為が不自然でないかどうかの2点がポイントとなります。

　本件で当てはめると、DESによって自己資本比率を上げ財務状況を良くし、融資を受けたいという事業目的がありますが、DESを行ってから短期間で贈与を行っているため、この点が経済合理性の具備を主張する際にはやや弱いといえます。贈与するタイミングは自由なのですが、短期間で行うことは不自然であるとみられやすいためです。

　現物出資を受ける被現物出資法人においては、上述したように実務的には券面額説により、債権は額面で受け入れますので、例えば額面1,000千円で

あった場合、以下のような仕訳となります。

```
被現物出資法人
債権  1,000千円 / 資本等  1,000千円
債務  1,000千円 / 債権    1,000千円 （債権債務の混同による消滅）
現物出資者
対象会社株式  1,000千円 / 債権  1,000千円
```

　仮に時価評価を行って、債権の価値が500千円だった場合の仕訳は以下のとおりとなります。

```
債権  1,000千円  / 資本等      1,000千円
債務  1,000千円  / 債権          500千円 （債権債務の混同による消滅）
                  債務免除益  500千円

現物出資者
対象会社株式  500千円 / 債務  1,000千円
債権譲渡損    500千円
```

　筆者の調べた範疇で、DESに係る債務免除益の計上について争われた事例は平成21年4月28日地裁判決（平成19年（行ウ）第758号法人税更正処分取消請求事件（棄却））がありますが、これは債権の回収可能性について争われたのではなく、第三者から取得した債権の時価と債務の差を債務免除益として計上すべきかどうか争われた事例でした。この判例では、原告である納税者が金融機関から取得した対象会社に対する債権の取得価額と対象会社の債務の金額とに差額が生じており、その債権を対象会社にDESした結果債務免除益が生じているものとして課税されました。実際に売買を行ってしまっているので、債権の時価として認識されてしまうのは致し方ない結果かもしれません。

　その他では、平成28年5月30日地裁判決（平成25年（ワ）（第26327号損害賠償事件）が近年では実務者の中で少し話題になっているので紹介します。簡単な内容としては、DESを行った際に債務免除益が計上される可能性について、提案をした税理士法人が説明をしなかったものとして、原告納税者側か

ら損害賠償請求を受け被告税理士法人が敗訴した判例です。現在も被告税理士法人は、高裁で敗訴し上告をしている模様ですが、恐らくこれまでの経緯からすると敗訴が濃厚ではないかと推察します。この判例では、生前に被相続人が有した貸付債権約10億円を約10億円債務超過であった対象会社にDESを行うことによって、法人税も相続税もかからなくなるという提案を被告税理士法人が行ったとされています。2つの税理士法人が登場しており、1つは提案を行った被告であるA税理士法人、もう1つは相続税申告を行ったB税理士法人です。B税理士法人がDESの課税関係について疑義を唱え、結果的として債務免除益が生じる点を指摘し、納税者は修正申告を自主的に行っています。この判例でも、債権の回収可能性については一切争われておらず、被告A税理士法人側にDESによる課税関係の説明義務違反があったのかどうかということが争点となっています。

　当然、A税理士法人側に説明を怠ったという点で非があることは、間違いないのですが、本判例のポイントは3つあると考えています。1つ目は、提案したA税理士法人側の税理士が途中で退職し、別の税理士が引継ぎ不十分のままスキーム実行を行ってしまったこと、2つ目は1つ目の理由に起因するかもしれませんが、相続税申告業務について、対策を行ったA税理士法人ではなく、B税理士法人が行ったこと、3つ目は、国税当局から債務免除益計上について指摘を受けたことによる修正申告ではなく、自主的に修正申告を行ったことです。確かに、債務超過の会社へのDESなので、回収可能性の論点は出て然るべきですが、回収可能性は現時点での会社の状況のみならず、将来に渡っての会社の財務状況を予測して判断する必要があるので立証は困難であることが多いです。現に債権の時価、つまり回収可能性で争われた判例は、筆者の知る限りではありません。仮に債権のままだったとして、恐らく税務当局側も回収可能性がないと判断でき得る相当な根拠資料がなければ、相続財産としての

債権の時価は額面と判断せざるを得ないかと考えます。本判例は、税法の見解以前に信頼関係が構築できていれば、争いを防げていたかもしれません。

5 | 合併比率・株式交換比率を算定する上での時価

　合併や株式交換については、それぞれの対象会社の価値を算出した上で比率を求めて、その比率に応じて、合併法人、株式交換完全親法人の株式を、被合併法人、株式交換完全子法人の旧株主に交付することになります。法人同士の行為となりますので、法人税基本通達9-1-14や時価純資産価額（評価差額に対する法人税等相当額は非控除）を基にそれぞれの法人の時価を求めることになるでしょう。合併比率については、以下の算式で求めます。

$$合併比率 = \frac{被合併法人の1株当たりの価値}{合併法人の1株当たりの価値}$$

【法人税法上評価額】

株主名	合併前					
	B社（被合併法人）			A社（合併法人）		
	株数	持株割合	議決権割合	株数	持株割合	議決権割合
甲	3,000	30.0%	30.0%	6,000	60.0%	60.0%
乙	4,000	40.0%	40.0%	2,000	20.0%	20.0%
丙	1,000	10.0%	10.0%	1,000	10.0%	10.0%
丁	0	0.0%	0.0%	1,000	10.0%	10.0%
A社	2,000	20.0%	20.0%	0	0.0%	0.0%
合計	10,000	100.0%	100.0%	10,000	100.0%	100.0%

合併時の割当株数		合併後					
交換比率②	割当株数①×②	B社（被合併法人）			A社（合併法人）		
		株数	持株割合	議決権割合	株数	持株割合	議決権割合
0.500	1,500.00	0	0.0%	0.0%	7,500	53.6%	53.6%
0.500	2,000.00	0	0.0%	0.0%	4,000	28.6%	28.6%
0.500	500.00	0	0.0%	0.0%	1,500	10.7%	10.7%
0.500	0.00	0	0.0%	0.0%	1,000	7.1%	7.1%
0.500	0.00	0	0.0%	0.0%	0	0.0%	0.0%
	4,000.00	0	0.0%	0.0%	14,000	100.0%	100.0%

会社名	評価対象決算期	1株あたりの株価 (9-1-14)	発行済株式数 (株)	時価総額 (円)	合併比率	
					端数処理前	端数処理後
A社 (合併法人)	平成31年3月期	10,000	10,000	100,000,000	1	1
B社 (被合併法人)	平成31年3月期	5,000	10,000	50,000,000	0.5	0.500

　完全支配関係がある会社間同士の合併でなければ、基本的な考えとして被合併法人の旧株主に対して合併法人の株式を交付することになりますので、被合併法人の1株につき、合併法人の株を何株交付するのかという比率となります。上記図表では、合併前に被合併法人B社の株式を合併法人A社が有しています。この株式のことを抱合せ株式といいますが、この株式については合併法人株式を交付することは法律でできないことと規定されています。抱合せ株式に対価としてA社株式を交付すると、結果として自己株式になってしまうためであると考えられます。当該抱合せ株式については、会計上は合併に伴い受け入れた純資産価額の差額を消滅差損益やのれんとして認識することとなります。税務上では、資本取引ですので損益は全額認識せず、B社株式の帳簿価額をそのまま資本金等の額として減算処理しますので、法人税申告書上は別表調整が必要となります。株式交換比率の考え方も基本的には同じとなりますが、株式交換完全子法人が株式交換前に有していた自己株式については、株式交換により対価として株式交換完全親法人の株式が交付される点は異なります。

　会社法の考えでは、完全子会社が親会社株式を保有する（持合い）になることは原則認めていないのですが、株式交換の場合にはそのような事象が起こってしまいます。処理が複雑になりますので、実務的には株式交換前に自己株式を消却しておくことが考えられます。

　合併比率及び株式交換比率については、上述したように法人税法上の時価で算出をするのであれば基本的に株主間での課税問題は生じませんが、特に同族会社間合併において税法上の時価評価と逸脱した比率による合併（不平等合併）

が行われた場合には、本章①で説明したように、株主間贈与の課税関係の問題が出てくるものと考えられます。また、税法上の時価による算出であったとしても、合併法人側は法人税基本通達9-1-14で評価し、被合併法人側では時価純資産価額によって評価することは避けておいた方が不平等合併による株主間贈与リスクを避けられるため、算定方法は統一した方が無難といえます。

　また、債務超過の会社を合併する際にも留意が必要です。合併比率を算定しようにも被合併法人の時価が0円となってしまいますので、比率を算定することができません。そのような場合においては、株主間贈与の課税リスクを考慮して、実務的には以下の2通りの方法が考えられます。1つは、債務超過の会社の株を1円で合併法人となる会社に売却することで100%の子会社化することです。そうした上で合併を行えば、税務上同一の者による完全支配関係がある会社間の合併ですので、無対価合併が可能となります。無対価であれば合併比率を気にする必要はありませんので、不平等合併の論点は出てこないことになります。もう1つの方法は、株主構成を調整して、合併法人と被合併法人の株主構成を同じにしておくことです。株主構成が同じであれば、比率がいくらであってもその比率に応じて株式が交付されますので、株主割当と同じ考え方で株主間の価値移転は起こり得ません。株主構成が似通っている場合には後者で、そうでない場合には前者を選択するということになるかと思います。

第 **3** 章

対象会社が種類株式を発行
していた場合の時価の考え方

これまで見てきた株式の時価は、取得する側が支配株主（マジョリティ）なのか少数株主（マイノリティ）なのかに応じて変動する要素はありましたが、基本的な考え方としては、「1株当たりの時価×発行済株式総数＝株主価値」という式になり、1株当たりの時価は普遍的なものとなっています。

　ただし、権利内容の異なる複数の株式が発行されている株主価値についても同じように考えるべきでしょうか。そのような場合においても個別の株式の時価については、それぞれ差異があって然るべきなのでしょうが、企業価値そのものについては、複数の種類株式の時価総額と単一株式の時価総額は同一であるものとして考えるのが合理的であると考えられます。そのような前提下においては、複数の種類株式が発行されている場合でも、株主価値の総額を各種類株式の時価で按分するという考え方もあり得るでしょう。ただし、結局問題なのはその各種類株式の時価をどう算定するかということになります。

　例えばファンドなどの外部株主が資本として入る場合には、迅速な意思決定を重視して、種類株式を設定し無議決権として経営権は経営者に譲る「物を言わぬ株主」となる代わりに配当優先権、取得請求権、残余財産分配請求権を付与しているケースがあります。また、同族株主においても経営者としての立場を持つ株主と、そうでない株主においては普通株式の意味合いは異なるでしょう。そうであったとしても、同族株主という括りであるために原則的評価になってしまい多額の税金がかかることになります。そのような事情から、後継者以外の同族株主には無議決権とする代わりに普通株式よりも優先的に配当を受け取る権利を付与するような種類株式を設定するケースが事業承継の場面では増えているように感じられます。そのような場合において普通株式と種類株式の評価をどのようにしていくべきなのでしょうか。

1 文書回答事例の種類株式の時価

　種類株式の評価方法については、平成19年2月26日付「相続等により取得した種類株式の評価について」により国税庁が回答を示した種類株式の評価方法は、以下の通りとなります。

1）配当優先無議決権株式の評価
【設例】
・資本金等の額2,000万円（内訳　A種類株式（配当優先）　500万円　普通株式　1,500万円
・発行済株式数20,000株（内訳　A種類株式（配当優先）　5,000株　普通株式　15,000株
　A種類株式の発行要領については、以下の通りとなっている。
　イ　優先配当
　普通株式に先立ちA種種類株式1株につき、当該事業年度あたり金1,500円の金銭による剰余金の配当を行う。
　ロ　非累積条項
　ある事業年度においてA種類株主に対して配当した1株当たりの配当
金が優先配当額に達しないときでも、その不足額は翌事業年度以降に累積しない。
　ハ　非参加条項
　ある事業年度において、A種類株主に対して優先配当を行った後に普通株主に対して剰余金の配当を行う場合は、A種類株主に対して同額の剰余金の配当を行わない。
　ニ　議決権
　A種類株主は、株主総会において議決権を有しない。
・1株当たりの資本金等の額　1,000円
・1株当たりの資本金等の額を50円とした場合の発行済株式数　400,000株
・配当金額
　A種類株式　　　7,500,000円
　普通株式　　　15,000,000円

- 利益金額　　　100,000,000円
  1株（50円）当たりの利益金額　100,000,000円÷400,000株＝250円
- 利益積立金額　480,000,000円
  1株（50円）当たりの純資産金額（480,000,000円＋20,000,000）÷
  400,000株＝1,250円
- 類似業種比準株価等
  株価:242円　配当:4.6円　利益:32円　純資産322円
- 財産評価基本通達上の大会社に該当する。
- 長男Aが普通株式15,000株、長女BがA種類株式5,000株をそれぞれ相続
  することとする。

（1）配当優先株式の評価方法

　類似業種比準価額の計算上、配当の多寡に応じて配当要素について区分して
計算することになります。他の要素について調整計算は入りません。配当要素
の計算方法としては、以下の通りとなります。

【1株当たりの年配当金額計算】

直前期の資本金等の額			20,000,000	
発行済株式数			20,000	
一株当たりの資本金等の額を50円とした場合の発行済株式数			1,000	
一株当たりの資本金等の額を50円とした場合の発行済株式数			400,000	
直前期ベース配当（A種類株式）			7,500,000	
直前期ベース配当（普通株式）			15,000,000	
	発行済株式数	自己株式数	直前期	
A種類株式 (※1)	5,000	0	75.00	
普通株式　(※2)	15,000	0	50.00	

合計	20,000	0		

（※1）　A種類株式計算
7,500,000円÷（400,000株×（5,000株÷20,000株）

（※2）　普通株式計算
15,000,000円÷（400,000株×（15,000÷20,000株）

　配当要素以外は、配当優先株式も普通株式も同様となりますので、計算式は以下の通りとなります。なお、本設例では大会社を前提していますが、配当の優劣は純資産価額に影響を及ぼさないことから、純資産価額の計算においては配当優先に係る調整は必要ありません。

【類似業種比準価額の計算】

イ　A種類株式
㋑　1株（50円）当たりの比準価額

$$242円 \times \cfrac{\cfrac{75円}{4.6円} + \cfrac{250円}{32円} + \cfrac{1,250円}{322円}}{3} \times 0.7 = 1,580.5円$$

㋺　1株当たりの比準価額

$$1,580.5円 \times \frac{1,000円}{50円} = 31,610円$$

ロ　普通株式
㋑　1株（50円）当たりの比準価額

$$242円 \times \cfrac{\cfrac{50円}{4.6円} + \cfrac{250円}{32円} + \cfrac{1,250円}{322円}}{3} \times 0.7 = 1,272.1円$$

1,272.1円×	$\dfrac{1,000円}{50円}$	＝	25,442円

（2）　無議決権株式の評価

　無議決権の株式であったとしても、議決権の有無を考慮せずに評価すべきこととされていますので、配当優先無議決権株式については（1）により評価した金額が原則となります。ただし、議決権の有無によって価値が異なるという考え方もあることから、以下の条件を全て満たす場合に限り無議決権株式については原則的評価方式により評価した価額の5％相当分を控除し、当該5％相当分を普通株式の価額に加算する計算方法（以下「調整計算」と言います）を選択適用することができることとされています。結果として、総額は一致するようになっていますので、相続において無議決権株式と有議決権株式を取得した者がそれぞれ居ないと適用はできないこととなります。

【無議決権株式の条件】

> ・当該会社の株式について、相続税の法定申告期限までに遺産分割協議が確定していること
> ・当該相続又は遺贈により、当該会社の株式を取得した全ての同族株主から相続の法定申告期限までに、調整計算により申告することについての届出書が所轄税務署長に提出されていること
> ・当該相続税申告の評価明細書に調整計算によって評価した無議決権株式及び普通株式の評価額の算定根拠を記載し、添付していること

　調整計算の計算例は以下の通りとなります。なお、同族株主の区分は第1章で説明したように議決権割合によって判定しますので、取得後議決権数が5％未満で役員でないような場合には、無議決権株式数に関係なく特例的評価方法

となります。無議決権株式を取得した場合には、持株割合は関係ありませんので同族株主の判定について留意する必要があります。

イ	配当優先無議決権株式の評価額					
	31,610円	×	0.95	×	5,000株	=	150,147,500円
ロ	普通株式への加算額					
	31,610円	×	5,000株	×	0.05	=	7,902,500円
ハ	普通株式の評価額					
	25,442円	×	15,000株	+	7,902,500円	=	389,532,500円

2 | 社債類似株式の評価

　社債類似株式とは、以下の条件の全てを満たす株式をいい、その経済的実質が社債に類似していると認められることから財産評価基本通達197-2（3）（利付公社債の評価）に準じて発行価額により評価することとされています。社債と異なる点としては、株式であることから既経過利息に相当する配当金の加算は行わないこととなっています。

【社債類似株式の条件】

> ・配当金について優先して分配すること
> ・ある事業年度において優先配当金に達しないときは、その不足額は翌事業年度以降に累積すること。ただし、優先配当金を超えて配当しない（累積条項・非参加条項）
> ・残余財産の分配は発行価額を限度すること
> ・一定期日において、発行会社が株式の全部を発行価額で償還すること。（取得条項）
> ・無議決権であること
> ・他の株式を対価とする取得請求権を有しないこと

　社債類似株式自体は発行価額により評価することになりますが、その他の株式については、社債類似株式を社債であるものとして類似業種比準価額、純資産価額をそれぞれ次のように評価します。

【設例】

> ・資本金等の額2,000万円（内訳　社債類似株式　1,500万円　普通株式500万円）
> ・発行済株式数10,000株（内　社債類似株式　5,000株　普通株式　5,000株

- 一株当たりの資本金等の額（普通株式）　1,000円
- 一株当たりの資本金等の額を50円とした場合の発行済株式数（普通株式）
  100,000株
- 配当金額
  社債類似株式　　3,000,000円（発行価額の20％を優先して配当）
  普通株式　　　　1,000,000円
- 利益金額　　20,000,000円
- 利益積立金額　50,000,000円
  純資産価額　　50,000,000円＋20,000,000円＝70,000,000円
- 類似業種比準株価等
  株価：242円　配当：4.6円　　利益：32円　　純資産322円
- 資産及び負債の金額
  資産の部　帳簿価額　200,000,000円　　相続税評価額　300,000,000円
  負債の部　帳簿価額　130,000,000円　　相続税評価額　130,000,000円
- 財産評価基本通達上の小会社に該当する。

（1）類似業種比準価額

計算方法のポイントは下記のようになります。

（イ）　1株当たりの資本金等の額の計算
　　　　社債類似株式に係る資本金等の額及び株式数はないものとします。
（ロ）　1株（50円）当たりの年配当金額
　　　　社債類似株式に係る配当金はないものとして計算します。
（ハ）　1株（50円）当たりの年利益金額
　　　　社債類似株式に係る配当金を費用として利益金額から控除して計算します。
（ニ）　1株（50円）当たりの純資産価額
　　　　社債類似株式の発行価額は負債として簿価純資産価額から控除して計算します。

【類似業種比準価額の計算】

イ　1株（50円）当たりの年配当額の計算

| 1,000,000円 | ÷ | 100,000株 | = | 10円 |

ロ　1株（50円）当たりの年利益金額の計算（社債類似株式に係る配当金額は費用として利益金額から除く）

| (20,000,000円 | △ | 3,000,000円) | ÷ | 100,000株 | = | 170円 |

ハ　1株（50円）当たりの純資産価額の計算（社債類似株式の発行価額の総額は、負債として純資産価額から除く）

| (70,000,000円 | △ | 15,000,000円) | ÷ | 100,000株 | = | 550円 |

ニ　1株（50円）当たりの比準価額

$$242円 \times \cfrac{\dfrac{10円}{4.6円} + \dfrac{170円}{32円} + \dfrac{550円}{322円}}{3} \times 0.5 = 370.2円$$

ホ　1株当たりの比準価額

$$370.2円 \times \frac{1,000円}{50円} = 7,404円$$

（2）純資産価額

計算方法のポイントは下記のようになります。

（イ）社債類似株式の発行価額の総額を負債（相続税評価額及び帳簿価額）に計上します。
（ロ）社債類似株式の株式数は発行済株式数から除外します。

【純資産価額の計算】

イ　相続税評価額による純資産価額

300,000,000円　△　(130,000,000円　+　15,000,000円)　=　155,000,000円

ロ　帳簿価額による純資産価額

200,000,000円　△　(130,000,000円　+　15,000,000円)　=　55,000,000円

ハ　評価差額に相当する金額

(155,000,000円　△　55,000,000円)　×　37%　=　37,000,000円

ニ　課税時期における相続税評価額による純資産価額

155,000,000円　△　37,000,000円　=　118,000,000円

ホ　一株当たりの相続税評価額による純資産価額

118,000,000円　÷　5,000株　=　23,600円

【1株（普通株式）当たりの評価額】

株式会社○○ 発行済株式数（普通株式） 5,000株	
①純資産価額（1株当たり）	23,600円
②類似業種比準価額（1株当たり）	7,404円
③折衷価額（(①+②)×0.5）	15,502円
⑤採用株価（①と③いずれか低い価額）	15,502円

3 | 拒否権付株式の評価

　拒否権付株式（＝黄金株）は、普通株式と同価値であるものとして評価します。拒否権付株式とは、会社法108条1項8号における株主総会の決議に対して拒否権の行使が認められた株式のことをいい、いわゆる黄金株と呼ばれる種類株式です。

　1株でも当該株式があれば、株主総会決議において拒否する権利が定められており、非常に強力な発言権を持つことになります。つまり拒否権付株式を持つ株主の賛同が得られなければ株主総会の決議は成立しないこととなります。一般的には、乱用を避けるために1株のみ発行するケースがほとんどですので、株主総会決議を覆すことはできるものの自発的に決議を行うものではありません。

　近年、事業承継において種類株式の活用が増えてきており、黄金株はオーナーにとっては後継者の誤った判断を食い止めるためのブレーキとして役立つものと考えられています。ただ、一線を退いたにもかかわらずいつまで経っても旧オーナーにお伺いを立てる必要があったり、旧オーナーの相続により予期せぬ相続人に黄金株が渡ってしまったりすることによって、円滑な事業承継が阻害されてしまう可能性もあります。

　基本的には、後継者が経営者として育つまでの期間をあらかじめ設けて旧オーナーが保有しておくという利用方法が想定されます。会社法的には非常に強い権利が付された種類株式となりますが、税法の世界では拒否権付のみをもって普通株式と異なる評価はしないという考え方となっています。

4 | 特殊な種類株式の時価

　①～③で説明したように、税法の世界では、3類型についてのみ評価方法について定められていますが、まだ種類株式が導入されて年月が浅いため他の種類株式については評価方法が確立されていません。

　一義的には種類株式と普通株式は同じ評価方法で良しとする考え方もありますが、特殊な種類株式であった場合には、財産評価基本通達総則6項により国税庁が定める時価により評価されてしまうことも念頭に置かなければなりません。種類株式については、本項の冒頭でも述べたように、同族会社であっても後継者以外の者に株式を持たせる場合や、ファンドなど複数の資本が入る場合においては当たり前のように発行されていますが、非常に複雑な設計となっており、税法も追い付いていないように感じられます。例えば以下のような種類株式が発行されている場合には、どのように評価すべきでしょうか。

(1) 配当優先度が著しく高い場合（入口課税）

【A種類株式の発行内容】

> 普通株式　　　600株
> A種類株式　　400株
> A種類株式の内容
> 1. 優先配当
>   普通株式に先立ち、1株につき年500,000円を上限として発行に際して取締役会の決議をもって定める額の優先剰余金配当を受ける。

2. 非累積条項
   ある事業年度における優先剰余金配当の額が前号の優先剰余金配当金額に満たないときにあっても、翌事業年度以降の決算期においてその不足額を補填しない。
3. 無議決権
   甲種類株式については、株主総会において決議すべきすべての議案について、議決権を有しない。
4. 取得条項
   甲種類株式は、甲種類株式を有する株主が会社の取締役、監査役又は社員の地位を失った場合に、取締役会が定める日に会社が取得することができ、会社が請求をした場合には、その対価として出資相当額の金銭の交付を受けるものとする。

　前述した国税庁の文書回答事例の無議決権配当優先株式の評価の前提として、普通株式よりも配当優先する代わりに無議決権とすることで普通株式と等価であることとしています。なぜならば、等価でないのであれば種類株式を発行した時点でみなし株主間贈与が課税されてしまうことが考えられるためです。みなし株主間贈与についての詳細は第2章③で記述したように、相続税法基本通達9-2で株主その他の者が会社に対して一定の行為をしたことにより、会社の価値が増加した場合には、その一定の行為をした者から既存株主に対して贈与があったものとして課税されることが定められています。

　この通達の考え方は例示で会社の価値が増加した場合となっていますが、発行済株式の一部普通株式を種類株式に変更した場合においても価値が異なることによって、普通株主と種類株主間で価値移転が起こっているものと考えられます。つまり、会社価値としては100として、変更前は50％ずつA氏とB氏で普通株式を有しており、A氏の有する普通株式のみを上記のように配当優先度合の高い種類株式に変更した場合、種類株式の価値が60とすると普通株式は40となる図式となります。結果として、B氏からA氏に対して10価値移転

したものとして、贈与税が課税されるものと考えられます。

　種類株式の評価方法については、配当優先無議決権株式であるため類似業種比準価額の計算上、配当要素について区分して評価致します。仮に前提として以下のような会社の場合の類似業種比準価額を計算してみます。

- 資本金等の額1,000万円（内訳　A種類株式　400万円　普通株式　600万円
- 発行済株式数1,000株（内訳　A種類株式　400株　普通株式　600株
- A種類株式は、甲氏が有していた普通株式400株を5年前に変更した。残りの普通株式は複数の株主で保有している。
- A種類株式の配当金額は、毎期1株500,000円で配当している。
- 普通株式の配当金額は、毎期1株3,000円で配当している。
- 1株当たりの資本金等の額　10,000円
- 1株当たりの資本金等の額を50円とした場合の発行済株式数　200,000株
- 配当金額
  A種類株式　　200,000,000円
  普通株式　　　　1,800,000円
- 利益金額　　300,000,000円
  1株（50円）当たりの利益金額　300,000,000円÷200,000株＝1,500円
- 利益積立金額　1,500,000,000円
  1株（50円）当たりの純資産金額（1,500,000,000円＋10,000,000）÷200,000株＝7,550円
- 類似業種比準株価等
  株価：242円　配当：4.6円　利益：32円　純資産322円
- 財産評価基本通達上の大会社に該当する。
- 無議決権株式の調整計算は行わない。
- A種類株式変更前の1株当たりの株価は、936,200円（株価総額936,200,000円）

先ほどの計算式に当てはめると、配当要素は以下の通りとなります。

【1株当たりの年配当金額計算】

直前期の資本金等の額		10,000,000	
発行済株式数		1,000	
1株当たりの資本金等の額を50円とした場合の発行済株式数		10,000	
1株当たりの資本金等の額を50円とした場合の発行済株式数		200,000	
直前期ベース配当（A種類株式）		200,000,000	
直前期ベース配当（普通株式）		1,800,000	
	発行済株式数	自己株式数	直前期
A種類株式 （※1）	400	0	2,500.00
普通株式 （※2）	600	0	15.00
合計	1,000	0	

（※1）　A種類株式計算
200,000,000円÷（200,000株×（400株÷1,000株）

（※2）　普通株式計算
1,800,000円÷（200,000株×（600株÷1,000株）

類似業種比準価額の計算を各株式の種類毎に行うと以下の通りとなります。

【類似業種比準価額の計算】

イ　A種類株式
㋑　1株（50円）当たりの比準価額

$$242円 \times \dfrac{\dfrac{2,500円}{4.6円} + \dfrac{1,500円}{32円} + \dfrac{7,550円}{322円}}{3} \times 0.7 = 34,659.2円$$

◉　1株当たりの比準価額

$$34{,}659.2円 \times \frac{10{,}000円}{50円} = 6{,}931{,}840円$$

ロ　普通株式
㋑　1株（50円）当たりの比準価額

$$242円 \times \left\{ \cfrac{\cfrac{15円}{4.6円} + \cfrac{1{,}500円}{32円} + \cfrac{7{,}550円}{322円}}{3} \right\} \times 0.7 = 4{,}150.3円$$

◉　1株当たりの比準価額

$$4{,}150.3円 \times \frac{10{,}000円}{50円} = 830{,}060円$$

　A種類株式が1株当たり6,931,840円であるのに対し、普通株式は1株当たり830,060円という結果となりました。株式総額では以下の通りとなります。

イ	A種類株式の評価額				
	6,931,840円	×	400株	=	2,772,736,000円
ロ	普通株式の評価額				
	830,060円	×	600株	=	498,036,000円
ハ	合計株式評価額				
	2,772,736,000円	+	498,036,000円	=	3,270,772,000円

　結果として、上記の事例では、A種類株式と普通株式とで1株当たり約8.35倍超の差額がでていることになります。元々は普通株一株936,200円の価値であったものですので、配当金を大幅に増額することで、株価に与える影響も大きいという結果になります。

種類株式変更前後においてこれだけ評価額に乖離が生じていれば、課税上、弊害があると考えざるを得ないのですが、この評価方法は変更時ではなく、実際に優先配当金を支払っていないと評価することができません。

ただし、甲氏と他の株主との関係性や変更時にこのように乖離することが明らかであるならば、総合的に勘案し、甲氏に対し他の株主からのみなし株主間贈与の課税リスクはあるものと考えられます。この場合の課税方法については、明文化はされていませんが理屈としては成り立ちますので、そのような課税リスクを抑えるために種類株式設定時においては株式価値を等価になるように留意する必要があると考えられます。

（2） 取得条項・取得請求条項や残余財産分配時の価額が固定されている場合（出口課税）

【A種種類株式の発行内容】

> 発行済株式数　20,000株
> 普通株式　　　10,000株（甲氏、丙氏各5,000株）
> A種類株式　　10,000株（乙氏）
> A種類株式の内容
> 1. 取得条項
>   ① 当会社は、取締役会が別に定める日をもって、法令の範囲内で、A種類株式を有する株主（以下、「A種類株主」という。）又はA種類株式の登録株式質権者（以下、「A種登録株式質権者」という。）の意思にかかわらず、その有するA種類株式の全部又は一部を取得することができる。
>   ② 当該者は、前号の規定によりA種類株式を取得するのと引き換えに、A種類株主又はA種登録株式質権者に対して、取得したA種類株式1株あたり金<u>15,000円</u>を交付する。
>   ③ 当会社は、第1号の規定によりA種類株式の一部を取得する場合には、取締役会の決議によって、取得の対象となるA種類株主及び当該株主から取得するA種類株式の数を決定する。

2. 取得請求権
　① 　A種類株主は、当会社に対して、法令の範囲内で、その有するA種類株式の全部又は一部を取得することを請求することができる。
　② 　当会社は、前号の規定によりA種類株式を取得するのと引き換えに、A種類株主又はA種類株式質権者に対して、取得したA種類株式1株あたり金15,000円を交付する。
3. 残余財産の分配
　① 　当会社が残余財産を分配する場合、A種類株主又はA種登録株式質権者に対し、普通株式を有する株主（以下、「普通株主」という。）又は普通株式の登録株式質権者（以下、「普通登録株式質権者」という。）に先立ち、A種類株式1株につき金15,000円を上限として支払う。
　② 　前号による分配の後なお残余財産がある場合には、普通株主又は普通登録株式質権者に対して分配を行うものとし、A種類株主又はA種登録株式質権者に対しては、前号の他残余財産の分配は行わない。
4. 種類株主総会の決議を要しない事項
　A種類株式については、法令に別段の定めがある場合を除き、会社法第322条第1項の規定によるA種類株主を構成員とする種類株主総会の決議を要しない。

　（1）では、種類株式設定時の課税リスクについて述べましたが、（2）では出口での課税をどのように考えるべきかを検討します。主な発行内容としては、取得条項として1株15,000円で固定していつでも会社が株主から買い取ることができること、取得請求として1株15,000円で固定していつでも株主が会社に対して売却することができること、残余財産の分配として、解散した場合には財産権として1株15,000円を上限として分配を受けることができることが定められています。

　1株15,000円については、種類株式変更時に株主間贈与課税とならないように設定時における時価を基に価額を決めています。このような場合の種類株式のポイントとしては、取得条項及び取得請求を行った場合において普通株式に転換する条項はなく、固定された金銭で償還される点だと思われます。発行

価額で償還するのではありませんが、極めて社債類似株式と似た性質を持つ種類株式であると考えられます。また、残余財産の分配請求権については、継続企業を前提とするとその価値はないに等しいものと考えられます。通常、継続企業であれば解散をすること自体考えにくく、解散をする場合には、残余財産はほとんどない状態であると考えられるためです。ただし、取得条項、取得請求権と同じ価額での償還であるということは、より社債類似株式に近い性質であるものとして考えられるように思います。したがって、私見ではありますが、このような種類株式であれば、償還金額で評価することに一定の合理性があるものと考えられます。

　社債類似株式が発行されている場合にも同じ問題が生じるかと思いますが、発行会社としては社債類似株式については負債に近い株式となるため、②で説明したように、その他の普通株式の評価を行う場合には、類似業種比準価額及び純資産価額の計算上、当該種類株式の評価額や株式数を控除して計算します。特に純資産価額時価総額から種類株式の償還金額を負債として控除すると、その時の時価総額によっては、普通株式の評価額がゼロとなってしまうことも想定されます。非上場株式の時価については、法律では時価について定められていないため、基本的に裁判においても評価通達を基準として判断することとなりますが、評価通達は日々大量発生する課税対象に対して国が迅速的かつ平等的に対応すべき目的で考案された方式であり、全ての事案に対応できるとは限らず、特殊な事案については評価通達によらない総則6項が適用されることも考えられます。

　種類株式の時価評価を考える上では、本項の冒頭でも説明したように、株式の時価総額は種類株式の発行の有無にかかわらず普遍的であるものと考え、基本的な考え方としては株式の時価総額を普通株式及び種類株式の時価で按分すればよいと考えられます。株式の価値としては、その会社を支配したい株主に

とっては議決権や役員選任権の付与によって価値が高いということは想定できますが、これらの権利はその有無によって数値化して比較することが非常に難しい権利であると考えられます。判例等の実例が存在していないので実務上の問題点についてこれ以上の深堀りができませんが、特殊な種類株式の評価については、評価通達を基礎としてその評価方法が合理性を具備しているどうかで判断していく必要があると考えます。

第 **4** 章

第三者間取引における時価の評価方法

1 ｜ Ｍ＆Ａにおける時価

　これまでは、親族間取引における非上場株式の時価、すなわち税務上の時価について述べてきましたが、本章では純然たる第三者間取引における時価について考察していきます。

　親族間取引における税務上の時価については、課税時期時点における清算価値（静的評価）を基準にしており、担税力を考慮しているものとなっています。これに対して、M&Aにおける第三者間取引においては、基本的には税務上の時価の考え方とは異なり、継続企業を前提とした動的評価により行われるべきであると考えられています。動的評価方法としては、コスト・アプローチ、マーケット・アプローチ、インカム・アプローチなどが挙げられます。

　M&Aにおける株式評価額は、企業の包括的な評価、すなわち企業の有する資産価値・収益力のみならず、人的その他の資産までも含めた有機的組織体としての企業価値を総括的に把握することにより算定されるべきものです。上場会社の場合には、市場株価はその会社の財産価値、収益力、将来性等の諸要素が一体となって形成されるものであるため、その時点での経済情勢における企業価値そのものを示しています。

　しかしながら、非上場会社については、市場株価を有しないため、恣意性を排除し計数としての客観性を保持する観点から、一般的には、以下に掲げる評価方式により評価することとなります。これらの評価方式にはそれぞれ長所・短所があり、一概に優劣をつけることはできないため、事案の背景、会社の規模と状況等を総合的に勘案して、その事案に有用な評価方法を選定して行うこととなるでしょう。

（1）純資産価額方式（コスト・アプローチ）

　企業のストックとしての純資産に着目して、企業の価値及び株価等を評価する方法です。この純資産方式の特徴は、企業の静的価値の評定であり、貸借対照表を基に評価するためその計算は理解されやすいところです。時価純資産方式は、貸借対照表を基に、資産及び負債を時価で評価して求めた株価を算出するため、特に不動産等の含み資産を多額に所有する企業を評価する場合には、その含み損益が顕在化され、客観的な価値の把握という観点から優れており、非上場会社の株式評価において最も多く利用される方式です。

　相続税法上の時価との大きな違いは、評価差額に対する法人等相当額の控除（財基通186-2、現在の法人税率を勘案して含み益に対して37％）を行わないことです。この控除の趣旨は、課税時期時点で清算した場合に含み益がある場合には法人税額が課税されるため、当該法人税額を控除した上で評価すべきという考え方となっています。したがって、継続企業を前提とする場合にはこの控除は行うべきではなく、また、資産負債の評価についても個別に検証する必要があります。

　企業価値を算定する上で重要なのがのれんの価値となりますが、対象会社に属するものなのか、それとも属人的なものか、その算定は非常に困難であることが多いです。簡便的に経常利益又は営業利益の3年〜5年分といった一定の指標を基礎として実務的には算定されているケースもあります。M&Aにおいては、のれんをプレミアムとして時価純資産価額の1〜2割増とする算定方法もありますが、慣習で行われているため法的根拠はありません。なお、税務上の営業権の評価については、財産評価基本通達165、166によるものと規定されており、定型化されています。

【財産評価基本通達165,166抜粋】

165　営業権の評価

　営業権の価額は、次の算式によって計算した金額によって評価する。

　平均利益金額×0.5－標準企業者報酬額－総資産価額×0.05＝超過利益金額

超過利益金額×営業権の持続年数（原則として、10年とする。）に応ずる基準
年利率による複利年金現価率＝営業権の価額

　（注）医師、弁護士等のようにその者の技術、手腕又は才能等を主とする事業
　　　　に係る営業権で、その事業者の死亡と共に消滅するものは、評価しない。

166　平均利益金額等の計算

　前項の「平均利益金額」等については、次による。

　（1）平均利益金額

　　平均利益金額は、課税時期の属する年の前年以前3年間（法人にあっては、
　　課税時期の直前期末以前3年間とする。）における所得の金額の合計額の3
　　分の1に相当する金額（その金額が、課税時期の属する年の前年（法人にあっ
　　ては、課税時期の直前期末以前1年間とする。）の所得の金額を超える場合
　　には、課税時期の属する年の前年の所得の金額とする。）とする。この場合
　　における所得の金額は、所得税法第27条《事業所得》第2項に規定する事
　　業所得の金額（法人にあっては、法人税法第22条第1項に規定する所得の
　　金額に損金に算入された繰越欠損金の控除額を加算した金額とする。）とし、
　　その所得の金額の計算の基礎に次に掲げる金額が含まれているときは、こ
　　れらの金額は、いずれもなかったものとみなして計算した場合の所得の金
　　額とする。

　　　　○イ　非経常的な損益の額
　　　　○ロ　借入金等に対する支払利子の額及び社債発行差金の償却費の額
　　　　○ハ　青色事業専従者給与額又は事業専従者控除額（法人にあっては、
　　　　　　損金に算入された役員給与の額）

　（2）標準企業者報酬額

　　標準企業者報酬額は、次に掲げる平均利益金額の区分に応じ、次に掲げ
　　る算式により計算した金額とする。

平均利益金額の区分	標準企業者報酬額
1億円以下	平均利益金額　×0.3＋1,000万円
1億円超　3億円以下	〃　　　　×0.2＋2,000 〃
3　〃　　　5　〃	〃　　　　×0.1＋5,000 〃
5　〃	〃　　　　×0.05＋7,500 〃

(2) 比準方式（マーケット・アプローチ）

　比準方式には、類似業種比準方式、類似会社比準方式、市場株価法などがあります。

　類似業種比準方式は、国税庁が財産評価基本通達上、採用している評価方式の1つで、評価対象会社の財務指標と同業種の上場会社の財務指標とを比較して、企業価値を評価する方式です。国税庁が公表する業種別の前年平均株価を基に、1株当たりの平均配当額、平均利益金額、平均簿価純資産額を比準させて評価します。財産評価基本通達において採用している方式の1つであることから、非上場会社の株式評価においてよく利用されます。

　次に、類似会社比準方式は、類似業種比準方式が配当・利益・純資産の過去の指標による静的評価を行っているに対し、類似会社比準方式は比準要素を限定することなく、その評価対象に適切な要素を比準させることにより、より適正な類似評価が可能となります。また、類似業種だけでなく類似会社を選定することによってより近い同業他社との比較により評価することができます。ただし、評価対象会社と、業種、規模等が類似する公開会社の平均的な利益、純資産等の数値と評価対象会社の数値とをそれぞれ比較して算定しますが、類似する公開会社の選定に恣意性が介入する恐れがあることや、のれんが加味されにくい点が留意点となります。類似会社比準方式の具体的な評価方法は後述し

ます。

　そして、市場株価法は、上場企業のみが採用できる方法で、株式市場における実際の株価を参照する方法です。当該方法は投資家の需要と供給に基づき形成されるため、客観性が高く、企業の将来性、収益力、財産価値等様々な要素が包括的に反映されているのが特徴となります。ただし、上場企業に限られているため非上場企業の株価算定には採用することはできません。

（3）収益還元方式（インカム・アプローチ）

　企業のフローとしての利益又はキャッシュフローに着目して、企業価値を評価する方式です。株式価値を元本即ち擬制資本とみなし、そこから生み出される利益を果実とみなすことにより、資本還元率を使用して利益又はキャッシュフローを株式価値に還元することにより評価する方法となります。この方式は、企業の将来の収益力等の動的価値を反映するため、理論的に優れた方式ですが、その算定過程に将来の収益力という不確実な要素が混入するため、客観性という観点からはやや劣ることに留意する必要があります。

　DCF（ディスカウンテッド・キャッシュフロー）は、税務上では（4）の配当還元方式以外考慮されていないインカム・アプローチによる評価方法であり、基本的な考え方として、事業価値はその評価対象会社が将来稼ぎ出すキャッシュフローの合算という考え方となります。さらに、そのキャッシュフローのその年度毎の適正な資本コスト（割引率）によって現在価値に引き直し、株価を算出する必要があります。グローバルではよく用いられる手法であり、日本においても金融機関が企業価値を算定する上でも一般的になってきており、M&Aにおいても重要な考え方となっています。

（4）配当還元方式（インカム・アプローチ）

　企業の利益処分のフローとしての配当に着目して、企業価値及び株価を評価する方式です。株式価値を元本即ち擬制資本とみなし、そこから生み出される配当を果実とみなすことにより、資本還元率を使用して配当を株式価値に還元することにより評価する方法となります。この方式は、支配権を有する大株主のように、配当政策に強い影響を与え得る株主の株式評価には適さないものの、受取配当のみを果実と見る立場の株主の株式評価には理論的に優れています。

2 | 類似会社比準方式について

　比準方式のうち、類似会社比準方式は、倍率を基に株主価値を算定することから、倍率方式またはマルチプルともいわれる方式で、評価対象会社と上場類似会社の複数要素を比較し、その割合をその上場類似会社の市場株価に乗じて評価する方法です。類似業種比準方式と似ている部分はありますが、比較すると、将来キャッシュフローなど動的な指標を比較することが可能となっています。

　一般的には、業種・企業規模・収益性・地域・経営計画などの類似性に注目し、類似する会社を選定し1株当たり利益、売上高、EBITDA（※1）、配当、純資産等の要素を用いることとなります。評価企業とそれら要素が類似する上場会社とその評価対象会社の複数の比準要素を比較し、比準割合を算出し、その割合にその類似上場会社の市場株価に乗じて評価を行います。

　最も大きなメリットとしては、その対象会社の業界や規模、特徴などに合わせて様々な指標を比準させることにより動的評価ができることですが、その類似する会社の選定が困難で恣意性が入る可能性もあり、何をもって類似させるということが非常に重要なポイントとなります。したがって、特殊性がある会社もありますので、選定会社はまず10社程度選択し、そこから絞り込みをかけて、結果として5, 6社にするのが望ましいと考えられます。1, 2社のみの比準ではマーケット全体を反映したものとはいえなくなりますので、信用性が低くなってしまい、M＆Aの株価として採用することは難しくなります。一般的な評価方法は、以下のような図式となります。

　（※1）EBITDAとは、Earnings Before Interests Taxes Derpreciation and

Amortizationの略後で、経常利益＋支払利息△受取利息＋償却費を表しています。一般的にはイービッターやイービットディエーなどと呼ばれます。

$$評価額 = \frac{評価対象会社のEBITDA×類似会社の平均倍率△評価対象会社の有利子負債等}{期末株式数}$$

　上記では、比準要素についてはEBITDAを記載しましたが、評価対象会社の状況やその評価目的に応じて柔軟に選定することが求められます。そのほかの要素としては、 PSR（売価売上高倍率）、PER（株価収益率）、PBR（株価純資産倍率）などが挙げられます。

　PSRについては、時価総額を売上高で除した割合であり、規模を重視した指標となります。利益やキャッシュフローについては考慮されていないため、指標としては不十分なところもありますが、規模を重視した評価を行う際には適しているものと考えられます。

　また、PERについては、株価を1株当たり利益で除した割合で、税引後利益を比較対象としたものであり、配当価値ベースの指標となります。配当原資となる税引後当期利益を指標とすることには経営支配権の獲得目的よりも、少数株主にとって重要視すべきものと考えられます。

　そして、PBRについては、株価を1株当たり純資産で除した割合であり、簿価純資産を比較対象としていますが、上場会社と非上場会社とで会計基準が異なるため、補完的な意味合いでの指標として用いられることが多いです。これらを要素複合的に用いることもありますが、総評してみると、M＆Aで経営支配目的の株式取得の場合の指標としては、EBITDAが最も重要視される指標であると考えられます。

【事例】 類似会社比準法による計算方法

　評価対象会社（製造業）のEBITDAが1,000百万円、現金預金が900百万円、有利子負債等が800百万円の場合における類似会社比準法による株主価値は以下の通りとなる。

　なお、評価対象会社と類似する会社を選定とする基準は、地域性や事業規模などは選定の統一性が図れないことから、類似業種、類似事業を基準として選定した。類似会社の時価総額は株価の3か月平均と6か月平均を用いて計算した。

【類似会社比準法による株式評価結果】

（単位：百万円）

	類似会社 3か月平均の場合	類似会社 6か月平均の場合	平均
EBITDA	1,000	1,000	
類似会社の平均倍率	6.04	6.17	
事業価値	6,040	6,170	
現金預金	900	900	
有利子負債等	800	800	
株主価値	6,140	6,270	6,205

【類似会社の選定】

No	会社名	決算期	基準日
1	A社	3月決算	2019年3月期
2	B社	3月決算	2019年3月期
3	C社	3月決算	2019年3月期
4	D社	9月決算	2018年9月期
5	E社	2月決算	2019年2月期
6	F社	9月決算	2018年9月期

【過去3か月平均】

No	総資産	売上	EBITDA	発行済株式数	過去3か月の出来高加重平均（円）	時価総額	少数株主持分	有利子負債	現金及び現金同等物	事業価値（EV）	EV÷EBITDA
1	1,893	5,379	151	14,216,600	92.1476	1,295	0	300	500	1,095	7.25
2	17,150	18,295	1,595	12,384,033	497.6429	6,162	0	4,296	2,126	8,332	5.22
3	21,466	22,161	1,996	6,959,805	1983.6155	13,805	0	0	7,752	6,053	3.03
4	9,732	15,589	963	8,442,219	544.8417	4,599	0	3,077	1,522	6,154	6.39
5	17,950	31,263	1,577	5,147,597	1489.6748	7,668	0	4,330	3,037	8,961	5.68
6	11,795	20,412	427	16,886,659	157.3985	2,657	0	2,286	1,232	3,711	8.69
平均倍率											6.04

【過去6か月平均】

No	総資産	売上	EBITDA	発行済株式数	過去6か月の出来高加重平均（円）	時価総額	少数株主持分	有利子負債	現金及び現金同等物	事業価値（EV）	EV÷EBITDA
1	1,893	5,379	151	14,216,600	100.2922	1,425	0	300	500	1,225	8.11
2	17,150	18,295	1,595	12,384,033	488.8480	6,053	0	4,296	2,126	8,223	5.15
3	21,466	22,161	1,996	6,959,805	1983.6055	13,805	0	0	7,752	6,053	3.03
4	9,732	15,589	963	8,442,219	544.8417	4,599	0	3,077	1,522	6,154	6.39
5	17,950	31,263	1,577	5,147,597	1489.6748	7,668	0	4,330	3,037	8,961	5.68
6	11,795	20,412	427	16,886,659	157.3985	2,657	0	2,286	1,232	3,711	8.69
平均倍率											6.17

　事例では、倍率についてはEV/EBITDA倍率を採用しています。EVとは、Enterprise valueのことで企業価値を意味しています。EVの求め方は、以下の計算式により求められます。

> EV＝時価総額＋少数株主持分＋有利子負債等△現金及び現金同等物

　倍率の意味合いとしては、1年間の現金収入の何倍でその企業を買収できるかということになります。M&Aの際には、大体倍率として8倍〜10倍までが上限とされており、これ以上になるとベンチャー系を除いて成熟している事業であれば高すぎるという判断材料となります。事例の倍率は6倍代なので妥当と考えられるでしょう。

　事例の対象会社の株主価値は、6,205百万円と算定されましたが、これはあ

くまでも理論的な相場であり、非上場会社の場合には換金性が乏しいので非流動性ディスカウントとして大体30%程度が妥当であると考えられています。

　直接の根拠にはなりませんが、財産評価通達上の類似業種比準価額の計算上においても、評価の安全性の観点から大会社30%減、中会社40%減、小会社50%減の会社規模に応じて一定割合の減額を行うこととされています。大会社の減額割合が最も低いですが、その割合が30%であることからも、最低減30%の評価減は評価上の安全性を考慮する上でも必要であると考えられます。

　一方で、買主としては、支配権を目的とするため通常の評価額に20%～30%のコントロールプレミアムを上乗せして取得することも考えられますし、非流動性ディスカウントとコントロールプレミアムを相殺した結果、算定した評価額となることも考えられます。上場株式のTOBを行う時も、対象株主にTOBに応募してもらうためにプレミアムを20%～30%上乗せすることが一般的であるため、非上場株式でも同様の考え方があります。しかし、市場の有無は大きな違いであり、いつでも売却できる上場株式と比べると、売却のタイミングが限られている非上場株式は、どちらかというと非流動性のディスカウントで調整するケースの方が多いかと思われます。

3 │ DCFについて

　収益還元法のうちDCF法は、会社が将来稼ぎ出すと予想されるキャッシュフローを適正な割引率によって現在価値に割り引いて算出する方法です。継続企業の動的評価を算出方法としては、理論的には優れていますが、将来に稼ぎ出すキャッシュフローを事業計画に基づいて算出するため、評価する側の主観的な判断が入る可能性があることから、客観性に乏しい面もあります。

（1）株主価値の算定手順

　まず事業価値を算出し、その事業価値から債権者価値を差し引き、現預金、非事業用資産を加算して株主価値を算出します。具体的な株主価値の算出手順としては以下の通りとなります。

① 事業計画を基にキャッシュフローを推定
② 将来キャッシュフローから年度毎のフリーキャッシュフローを算定
③ フリーキャッシュフローを資本コスト(割引率)で現在価値に引き直し、事業価値を算定する。
④ 非事業用資産(現預金・遊休資産等)の処分価値を見積もって加算
⑤ 債権者価値(有利子負債等)を控除
　⇒有利子負債等については、株主に属するものではなく債権者に属するものであるから株主価値から除くものと考える。
⑥ 支配権の有無、株式の流動性によりコントロールプレミアム、非流動性のディスカウントの調整を行う。

(2) DCF法のメリット・デメリット

　動的評価に優れているため、M&Aでは採用されるケースが多いのですが、デメリットもあるためデメリットをおさえつつ採用を検討すべきでしょう。メリット・デメリットは以下の通りです。

①メリット

- 稼ぐ力を算出する上では、キャッシュフローに基づく評価が全世界共通で最も信頼性があること。
- 類似対象を比較するような相対的評価ではなく、対象会社の個別的な基準により評価が可能であり、個別対象資産の性質に応じた各種の調整が行いやすいこと
- 資産保有による収益力ではなく、その事業に係る超過収益力（のれん）の算定に優れていること

②デメリット

- 事業計画等に大きく依存している手法であり、主観性が入る可能性が高いこと
- 割引率を算定するに当たってリスクプレミアムなどを反映させることが難しいこと

　昨今、企業のグローバル化に伴い、大企業はIFRS（国際財務報告基準）での会計を求められていますが、日本の会計基準と国際会計基準に差異があることで、海外投資家が正確な判断ができないことなどの理由から、会計基準の統一化が望まれています。現在において日本では強制適用の法律までには至っていませんが、上場会社では海外投資を呼び込むために順次移行しているようです。

そのような状況下において、M&Aも同様の考え方に移行していくべきであり、日本独自の会計基準に基づく時価評価方法であると、買い側からすると正確な売却価額かどうか判断が困難となってしまいます。グローバル化が加速する現在において共通の価値尺度である「稼ぐ力」を基準とした時価評価は非常に重要性を増してきているものと考えられます。

キャッシュフローの指標が企業の再投資について最も高い共通認識といえ、最近の企業買収に関してもその買収対象企業がどれだけのキャッシュを稼ぎ出すかという指標を根拠に買収額が算出されているように感じます。可能な限り恣意性を排除し、客観性の高い評価額にすることがポイントとなってきます。

（3）フリーキャッシュフローの算定

DCF法において重要な要素となるフリーキャッシュフローとは、企業が本来の事業活動によって生み出されるキャッシュフローであり、対象会社が債権者及び株主に対して自由に使えるキャッシュのことをいいます。計算過程としては以下の通りとなります。

---

① 事業計画等を前提とした営業活動に係る税引前当期純利益（EBITDA）を算出し、法定実効税率によるみなし税金を差し引きます。
② 設備投資などの費用とならない現金支出を減算します。
③ その他対象会社の個別事情（過大役員給与や経営者保険など）のあるものを加減算します。
④ 資本的支出や資本の払い戻しの増減を加減算します。
　①〜④で加減算した合計値がフリーキャッシュフローを算定して割引率で現在価値に割り戻して事業価値を算定します。

（4）割引率について

　一般的には、企業は債権者と株主から調達した資金をもとに事業活動を行っていますので、株主資本コストと負債コストを加重平均した加重平均資本コスト（WACC）を使用します。割引現在価値の概念とは、投資した資金が数年後にはいくらで回収できるかと予測した数字を現在の価値でいくらかということを表します。例えば、100万円の債券を取得して金利1％であれば1年後に101万円になります。一方で同じ金利1年後に100万円で償還されるものを今時点での価値を表すとすると100万÷1.01％＝990,099円となります。このように将来稼ぎ出すキャッシュを現在価値に割り戻すために割引率が必要となります。

　企業の資金調達は、負債調達と資本調達から成り立っており、債権者と株主の調達レートの加重平均したWACCによる割引率を算定します。WACC（Weighted Average Cost of Capital）の算定式は以下の通りです。

$$\text{WACC} = \frac{D}{(D+E)} \times R_d \times (1 \triangle t) + \frac{E}{(D+E)} \times R_e$$

D＝負債の時価　　　　t＝実効税率
E＝株主資本の時価　　Re＝株主資本コスト
Rd＝負債コスト

【事例】 DCF法による計算方法

評価対象会社の5か年の事業計画は以下の通りである場合のDCF法によって評価する場合には、以下のように評価を行います。

・DCF法算定基礎となる事業計画は、以下の通りです。

【事業計画ベースの損益表】

		2020年3月期	2021年3月期	2022年3月期	2023年3月期	2024年3月期	5年間平均
営業損益	売上高	7,000,000,000	7,350,000,000	7,717,500,000	8,103,375,000	8,508,543,750	7,735,883,750
	売上原価	6,000,000,000	6,300,000,000	6,615,000,000	6,945,750,000	7,293,037,500	6,630,757,500
	売上総利益	1,000,000,000	1,050,000,000	1,102,500,000	1,157,625,000	1,215,506,250	1,105,126,250
	販売費および管理費	650,000,000	689,000,000	730,340,000	774,160,400	820,610,024	732,822,085
	（うち役員報酬）	50,000,000	50,000,000	50,000,000	50,000,000	50,000,000	50,000,000
	（うち減価償却費）	40,000,000	42,000,000	44,100,000	46,305,000	48,620,250	44,205,050
	（うち経営者保険料）	10,000,000	10,000,000	10,000,000	10,000,000	10,000,000	10,000,000
	（うち過大交際費）	0	0	0	0	0	0
	営業利益	350,000,000	361,000,000	372,160,000	383,464,600	394,896,226	372,304,165
営業外損益	営業外収益	10,000,000	10,000,000	10,000,000	10,000,000	10,000,000	10,000,000
	営業外費用	20,000,000	20,000,000	20,000,000	20,000,000	20,000,000	20,000,000
	（うち受取利息）	2,000,000	2,000,000	2,000,000	2,000,000	2,000,000	2,000,000
	（うち支払利息）	15,000,000	15,000,000	15,000,000	15,000,000	15,000,000	15,000,000
	経常利益	340,000,000	351,000,000	362,160,000	373,464,600	384,896,226	362,304,165

　DCFでの評価の前提となるフリーキャッシュフローを算出する上で、事業計画を会社の方に作成してもらう必要があります。もし事業計画を作成していないような場合には、過去の決算書に基づいて算出する方法も実務的にはあり得ます。事業計画は大体5か年計画を策定しているケースが多いかと思いますので、3年～5年分を入手できればよいかと思います。

　M&Aにおいて会社の価値を算定する上で、オーナーとの関連性が高いものについては、フリーキャッシュフローから予め調整しておく必要があります。例えば役員報酬や経営者保険などは、除外しておくほうが無難かと考えます。他にも事業とは関係ない不動産や資産を保有している場合には、フリーキャッシュフロー上では反映しきれないため調整する必要があります。

割引率算出（WACC）

1. 評価対象企業（事業）の資本構成

有利子負債比率（D）	：	17.0%	借入金／（借入金＋株主価値）
株主資本比率（E）	：	83.0%	

2. 評価対象企業（事業）の負債コスト

税引前負債コスト（rd）	：	3.00%	借入金の利率（対象会社の借入金利（支払利息／借入金残高）
実効税率（t）	：	40.00%	事業計画上の法人税・住民税・事業税の実効税率
税引後負債コスト	：	1.80%	

3. 評価対象企業（事業）の株主資本コスト（CAPM）

リスクフリーレート（rf）	：	0.015%	10年利付国債（第353回）の募入平均利回り（平成31年1月9日）
マーケットリスクプレミアム（rm△rf）	：	7.0%	1953年－2018年における日本の株式市場のリスクプレミアム（Ibbotson&Associates）
個別銘柄リスクプレミアム（rps）	：	4.01%	規模・非機能性による個別リスク（Size premium、Unsystematic risk等）
対象会社ベータ（β）	：	1.00	
株主資本コスト（re）	：	11.02500%	$re = rf + \beta \times (rm \triangle rf) + rps$

割引率（WACC）	：	9.45%	$WACC = rd \times D \times (1-t) + re \times E$

借入金残高	**500,000,000**	
支払利息	**15,000,000**	0.03

　DCF法で最も算定が難しいと考えられているのは、上記図表の割引率（WACC）です。特に上記図表中にもあるように、評価対象企業の株主資本コスト（CAPM）の算定が、考え方が様々で割合が異なってくるため、一定の合理性を持たせるのが困難な場合があります。リスクフリーレートは、デフォルトリスクのない投資対象に期待する利回りであり、一般的には国債の利回りが基準となります。マーケットリスクプレミアムは、日本の株式市場全体に対する利回りで、近年の数値ではなく長期間の平均値の方が合理的であると考えられています。

　一般的にリスクが高いと考えられる会社は、割引率も高くなる傾向にあります。上場会社クラスであれば大体5％〜10％、非上場会社の中小企業であれ

ば、大体10%〜20%になることが一般的です。したがって、中小企業において割引率が一桁代前半の割引率になってしまう場合には、再考する必要があると考えられます。

	R2／3期	R3／3期	R4／3期
売上高	7,000,000,000	7,350,000,000	7,717,500,000
売上原価	6,000,000,000	6,300,000,000	6,615,000,000
売上総利益	1,000,000,000	1,050,000,000	1,102,500,000
販売費及び一般管理費	650,000,000	689,000,000	730,340,000
営業外損益	(10,000,000)	(10,000,000)	(10,000,000)
経常利益	340,000,000	351,000,000	362,160,000
減価償却費	40,000,000	42,000,000	44,100,000
役員報酬	50,000,000	50,000,000	50,000,000
保険料	10,000,000	10,000,000	10,000,000
受取利息	(2,000,000)	(2,000,000)	(2,000,000)
支払利息	15,000,000	15,000,000	15,000,000
EBITDA	453,000,000	466,000,000	479,260,000
法人税等の支払額（経常×40%）	136,000,000	140,400,000	144,864,000
EBITDA△法人税等の支払額	317,000,000	325,600,000	334,396,000
その他の調整（＋△）	−	−	−
営業キャッシュ・フロー	317,000,000	325,600,000	334,396,000
設備投資	(40,000,000)	(42,000,000)	(44,100,000)
フリーキャッシュフロー	277,000,000	283,600,000	290,296,000
Terminal Value（残存価値）			
合計	277,000,000	283,600,000	290,296,000
現価係数	1.094801986	1.198	1.312
事業価値（現在価値）	253,013,790	236,669,639	221,334,580
（加算）現金同等物	−	−	−
（減算）借入金残高	−	−	−
（加算）非事業用資産	−	−	−
株主価値（小計）	−	−	−
非流動性ディスカウント（30%）	−	−	−
ディスカウント後株主価値（差引）	−	−	−

	R5／3期	R6／3期	残存価値	合計
売上高	8,103,375,000	8,508,543,750	8,508,543,750	－
売上原価	6,945,750,000	7,293,037,500	7,293,037,500	－
売上総利益	1,157,625,000	1,215,506,250	1,215,506,250	－
販売費及び一般管理費	774,160,400	820,610,024	820,610,024	－
営業外損益	(10,000,000)	(10,000,000)	(10,000,000)	
経常利益	373,464,600	384,896,226	384,896,226	
減価償却費	46,305,000	48,620,250	48,620,250	
役員報酬	50,000,000	50,000,000	50,000,000	
保険料	10,000,000	10,000,000	10,000,000	
受取利息	(2,000,000)	(2,000,000)	(2,000,000)	
支払利息	15,000,000	15,000,000	15,000,000	
EBITDA	492,769,600	506,516,476	506,516,476	
法人税等の支払額（経常×40%）	149,385,840	153,958,490	153,958,490	
EBITDA△法人税等の支払額	343,383,760	352,557,986	352,557,986	
その他の調整（＋△）	－	－	－	
営業キャッシュ・フロー	343,383,760	352,557,986	352,557,986	
設備投資	(46,305,000)	(48,620,250)	(48,620,250)	
フリーキャッシュフロー	297,078,760	303,937,736	303,937,736	
Terminal Value（残存価値）	－	－	3,215,214,534	
合計	297,078,760	303,937,736	3,215,214,534	
現価係数	1.436	1.571	1.571	－
事業価値（現在価値）	206,943,466	193,435,704	2,046,265,446	3,157,662,624
（加算）現金同等物	－	－	－	800,000,000
（減算）借入金残高	－	－	－	(500,000,000)
（加算）非事業用資産	－	－	－	20,000,000
株主価値（小計）	－	－	－	3,477,662,624
非流動性ディスカウント（30%）	－	－	－	(1,043,298,787)
ディスカウント後株主価値（差引）	－	－	－	2,434,363,837

【著者プロフィール】

野口健一（のぐちけんいち）

税理士

　大学卒業後1年間個人会計事務所にて経験を積み、2006年新日本アーンストアンドヤング税理士法人（現EY税理士法人）に入社、同年税理士試験合格、外資系企業の日本子法人の税務申告及び上場企業の税務申告、相続税申告、事業承継業務など幅広い業務に従事し、2013年税理士法人つむぎコンサルティングに入社、主に事業承継業務など資産税に特化したコンサルティング業務に従事。その後2017年10月から野口健一税理士事務所を開業、2018年7月にみよしコンサルティングLLPを設立し、資産税に特化した業務を行っている。その他、不動産税務に関する執筆、事業承継及び相続対策に関するセミナーを行っている。

著者との契約により検印省略

令和3年4月1日 初版発行	非上場株式の評価に係る **税務上の時価と M&Aの時価の基礎**

著　者	野　口　健　一
発 行 者	大　坪　克　行
印 刷 所	株式会社技秀堂
製 本 所	牧製本印刷株式会社

発 行 所　東京都新宿区　　株式　税 務 経 理 協 会
　　　　　下落合2丁目5番13号　会社

郵便番号 161-0033　振替 00190-2-187408　電話(03)3953-3301（編集代表）
　　　　　FAX (03)3565-3391　　　　(03)3953-3325（営業代表）
乱丁・落丁の場合はお取替えいたします。
URL http://www.zeikei.co.jp/

ISBN978-4-419-06691-8　C3034